Caindo na Real

A forma mais inteligente, rápida e fácil de se construir uma aplicação web de sucesso

um livro 37signals

traduzido por Lucas Bittencourt

Introdução

Capítulo 1: O que é Cair na Real

Quer construir um aplicativo web de sucesso? Então é hora de Cair na Real. Cair na Real é uma maneira menor, mais rápida e melhor de construir software.

- Cair na Real é sobre pular toda a coisa que representa o real (gráficos, diagramas, caixas, setas, esquemáticos, wireframes, etc.) e realmente construir a coisa real.
- Cair na Real é menos. Menos massa, menos software, menos funcionalidades, menos papelada, menos de tudo que não é essencial (e a maior parte do que você acha que é essencial na verdade não é).
- Cair na Real é permanecer pequeno e ser ágil.
- Cair na Real começa com a interface, as telas reais que as pessoas vão usar. Começa com o que o cliente realmente experimenta e constrói a partir daí. Isso permite acertar a interface antes de errar o software.
- Cair na Real é sobre iterações e reduzir o custo da mudança. Cair na Real é sobre lançar, ajustar e melhorar constantemente, o que o torna uma abordagem perfeita para software baseado na web.
- Cair na Real entrega apenas o que os clientes precisam e elimina tudo o que eles não precisam.

Os benefícios de Cair na Real

Cair na Real entrega melhores resultados porque te obriga a lidar com os problemas reais que você está tentando resolver, em vez das suas ideias sobre esses problemas. Te obriga a lidar com a realidade.

Cair na Real dispensa especificações funcionais e outras documentações transitórias em favor de construir telas reais. Uma especificação funcional é faz-de-conta, uma ilusão de acordo, enquanto uma página web real é a realidade. É isso que seus clientes vão ver e usar. Isso é o que importa. Cair na Real te faz chegar lá mais rápido. E isso significa que você está tomando decisões de software baseadas na coisa real, em vez de noções abstratas.

Finalmente, Cair na Real é uma abordagem idealmente adequada para software baseado na web. O modelo antigo de distribuir software em uma caixa e esperar um ano ou dois para entregar uma atualização está desaparecendo. Diferente do software instalado, aplicativos web podem evoluir constantemente em uma base diária. Cair na Real aproveita essa vantagem ao máximo.

Como Escrever Software Vigoroso

A escrita vigorosa é concisa. Uma frase não deve conter palavras desnecessárias, um parágrafo não deve conter frases desnecessárias, pelo mesmo motivo que um desenho não deve ter linhas desnecessárias e uma máquina não deve ter partes desnecessárias. Isso requer que o escritor não faça todas as frases curtas ou evite todo detalhe e trate os assuntos apenas em linhas gerais, mas que cada palavra conte.

—De "The Elements of Style" por William Strunk Jr.

Sem mais inchaço

O jeito antigo: um processo longo, burocrático, estamos-fazendo-isso-para-cobrir-nossas-costas. O resultado típico: software inchado, esquecível, pingando mediocridade. Blech.

Cair na Real elimina...

- Linhas do tempo que levam meses ou até anos
- Especificações funcionais utópicas
- Debates sobre escalabilidade
- Reuniões de equipe intermináveis
- A "necessidade" de contratar dezenas de funcionários
- Números de versão sem sentido
- Roadmaps imaculados que preveem o futuro perfeito
- Opções de preferências intermináveis
- Suporte terceirizado
- Testes de usuário irreais
- Papelada inútil
- Hierarquia de cima para baixo

Você não precisa de toneladas de dinheiro ou uma equipe enorme ou um ciclo de desenvolvimento longo para construir um ótimo software. Essas coisas são os ingredientes para aplicações lentas, turvas, sem mudanças. Cair na Real toma a abordagem oposta.

Neste livro, mostraremos...

- A importância de ter uma filosofia
- Porque ficar pequeno é uma coisa boa
- Como construir menos
- Como ir da ideia à realidade rapidamente
- Como montar sua equipe
- Por que você deve projetar de dentro para fora
- Por que escrever é tão crucial
- Por que você deve fazer menos que a concorrência
- Como promover seu aplicativo e espalhar a palavra
- Segredos para um suporte de sucesso
- Dicas para manter o momentum após o lançamento
- ...e muito mais

O foco está nas ideias gerais. Não vamos sobrecarregar você com trechos de código detalhados ou truques de CSS. Vamos nos ater às principais ideias e filosofias que dirigem o processo de Cair na Real.

Este livro é para você?

Você é um empreendedor, designer, programador ou profissional de marketing trabalhando em uma grande ideia.

Você percebe que as regras antigas não se aplicam mais. Distribuir seu software em mídias físicas todo ano? Isso é tão 2002. Números de versão? Fora de questão. Você precisa construir, lançar e ajustar. Depois fazer isso de novo várias vezes.

Ou talvez você ainda não esteja por dentro do desenvolvimento e estruturas de negócios ágeis, mas está ansioso para aprender mais.

Se isso soa como você, então este livro é para você.

Nota: Embora a ênfase deste livro esteja em construir um aplicativo web, muitas dessas ideias são aplicáveis a atividades não relacionadas a software também. As sugestões sobre equipes pequenas, prototipagem rápida, esperar iterações e muitas outras apresentadas aqui podem servir como guia, esteja você iniciando um negócio, escrevendo um livro, projetando um site, gravando um álbum ou realizando uma variedade de outros empreendimentos. Uma vez que você começa a Cair na Real em uma área da sua vida, você verá como esses conceitos podem ser aplicados a uma ampla gama de atividades.

Capítulo 2: Sobre o Basecamp

O que nós fazemos

Basecamp é uma equipe pequena que cria softwares simples e focados. Nossos produtos ajudam você a colaborar e se organizar. Milhões de pessoas e pequenos negócios usam nossos aplicativos web para realizar suas tarefas. Jeremy Wagstaff, do Wall Street Journal, escreveu, "Os produtos [Basecamp] são ferramentas belamente simples, elegantes e intuitivas que fazem uma tela do Outlook parecer o equivalente em software de uma câmara de tortura." Nossos aplicativos nunca te colocam na tortura.

Nosso modus operandi

Acreditamos que o software é complexo demais. Muitas funcionalidades, muitos botões, muito o que aprender. Nossos produtos fazem menos que a concorrência — intencionalmente. Construímos produtos que trabalham de maneira mais inteligente, têm uma sensação melhor, permitem que você faça as coisas do seu jeito e são mais fáceis de usar.

Nossos produtos

Basecamp vira a gestão de projetos de cabeça para baixo. Em vez de gráficos de Gantt, gráficos sofisticados e planilhas pesadas de estatísticas, o Basecamp oferece quadros de mensagens, listas de tarefas, agendamento simples, escrita colaborativa e compartilhamento de arquivos. Até agora, centenas de milhares concordam que é uma maneira melhor. Farhad Manjoo, do Salon.com, disse: "Basecamp representa o futuro do software na Web."

HEY é uma reinvenção completa do email. A abordagem inovadora do HEY transforma o email em algo que você quer usar, em vez de algo com o qual você é forçado a lidar.

Ruby on Rails, para desenvolvedores, é um framework web de código aberto em Ruby para escrever aplicações do mundo real de forma rápida e fácil. Rails cuida do trabalho pesado para que você possa focar na sua ideia. Nathan Torkington, do império editorial O'Reilly, disse: "Ruby on Rails é surpreendente. Usá-lo é como assistir a um filme de kung-fu, onde uma dúzia de frameworks bad-ass se preparam para bater no novato apenas para terem seus traseiros entregues de uma variedade de maneiras imaginativas." Não tem como não amar essa citação.

Você pode descobrir mais sobre nossos produtos e nossa empresa em nosso site **basecamp.com**.

Capítulo 3: Advertências, disclaimers e outros avisos prévios

Apenas para esclarecer, aqui estão nossas respostas para algumas reclamações que ouvimos de vez em quando:

"Essas técnicas não funcionarão para mim."

Cair na Real é um sistema que funcionou incrivelmente para nós. Dito isso, as ideias neste livro não se aplicam a todos os projetos sob o sol. Se você está construindo um sistema de armas, uma usina de controle nuclear, um sistema bancário para milhões de clientes ou algum outro sistema crítico para a vida/finanças, você vai se assustar com nossa atitude laissez-faire. Vá em frente e tome precauções adicionais.

E não tem que ser uma proposta de tudo ou nada. Mesmo que você não possa abraçar completamente Caindo na Real, com certeza há pelo menos algumas ideias aqui que você pode introduzir sorrateiramente.

"Vocês não inventaram essa ideia."

Não estamos reivindicando ter inventado essas técnicas. Muitos desses conceitos existem de uma forma ou de outra há muito tempo. Não fique irritado se você ler alguns dos nossos conselhos e isso lembrar algo que você já leu no blog de fulano ou em algum livro publicado há 20 anos. É definitivamente possível. Essas técnicas não são exclusivas do Basecamp. Estamos apenas dizendo como trabalhamos e o que foi bem-sucedido para nós.

"Vocês veem as coisas de forma muito preto no branco."

Se nosso tom parece o de donos da verdade, tenha paciência conosco. Achamos melhor apresentar as ideias de forma ousada do que ser indeciso sobre isso. Se isso parecer arrogante ou presunçoso, que assim seja. Preferimos provocar do que diluir tudo com "depende..." Claro que haverá momentos em que essas regras precisarão ser estendidas ou quebradas. E algumas dessas táticas podem não se aplicar à sua situação. Use seu julgamento e imaginação.

"Isso não funcionará dentro da minha empresa."

Acha que é grande demais para Cair na Real? Até a Microsoft está Caindo na Real (e duvidamos que você seja maior que eles).

Mesmo que sua empresa normalmente opere em cronogramas longos com grandes equipes, ainda há maneiras de Cair na Real. O primeiro passo é se dividir em unidades menores. Quando há muitas pessoas envolvidas, nada é feito. Quanto mais enxuto você for, mais rápido — e melhor — as coisas são feitas.

Tudo bem, pode ser necessário algum esforço de vendas. Convença sua empresa sobre o processo de Cair na Real. Mostre a eles este livro. Mostre os resultados reais que você pode alcançar em menos tempo e com uma equipe menor.

Explique que Cair na Real é uma maneira de baixo risco, baixo investimento para testar novos conceitos. Veja se você pode se separar da nave-mãe em um projeto menor como prova de conceito. Demonstre resultados.

Ou, se você realmente quer ser ousado, vá na surdina. Fique fora do radar e demonstre resultados reais. Essa é a abordagem que a equipe do Start.com usou enquanto Caía na Real na Microsoft. "Eu assisti a equipe do Start.com trabalhar. Eles não pedem permissão", diz Robert Scoble, Evangelista Técnico na Microsoft. "Eles têm um chefe que fornece cobertura. E eles mordem um pouco de cada vez e respondem ao feedback."

Lançando o Start.com da Microsoft

Em grandes empresas, processos e reuniões são a norma. Muitos meses são gastos planejando funcionalidades e discutindo detalhes com o objetivo de todos chegarem a um acordo sobre o que é a coisa "certa" para o cliente.

Esse pode ser o caminho certo para software embalado, mas com a web temos uma vantagem incrível. Simplesmente lance! Deixe o usuário dizer se é a coisa certa e se não for, ei, você pode consertá-lo e lançá-lo na web no mesmo dia, se quiser! Não há palavra mais forte que a do cliente — resista à vontade de se engajar em reuniões longas e argumentos. Apenas lance e prove um ponto.

Muito mais fácil dizer do que fazer — isso implica:

Meses de planejamento não são necessários.

Meses escrevendo especificações não são necessários — as especificações devem ter as bases pregadas e os detalhes descobertos e refinados durante a fase de desenvolvimento. Não tente fechar todas as questões abertas e pregar cada detalhe antes do desenvolvimento começar.

Lance menos funcionalidades, mas funcionalidades de qualidade.
Você não precisa de uma abordagem de grande impacto com um lançamento totalmente novo e um monte de funcionalidades. Dê aos usuários peças pequenas que eles possam digerir.

Se houver bugs menores, lance assim que tiver os cenários principais resolvidos e envie as correções de bugs para a web gradualmente depois disso. Quanto mais rápido você receber o feedback do usuário, melhor. Ideias podem soar ótimas no papel, mas na prática se revelam subótimas. Quanto antes você descobrir sobre problemas fundamentais que estão errados com uma ideia, melhor.

Uma vez que você iterar rapidamente e reagir ao feedback

do cliente, você estabelecerá uma conexão com o cliente. Lembre-se, o objetivo é conquistar o cliente construindo o que eles querem.

—Sanaz Ahari, Gerente de Programa do Start.com, Microsoft

Ponto de partida

Capítulo 4: Vencendo pela simplicidade

A sabedoria convencional diz que para vencer seus concorrentes, você precisa superá-los. Se eles têm quatro recursos, você precisa de cinco (ou 15, ou 25). Se eles estão gastando x, você precisa gastar 2x. Se eles têm 20, você precisa de 30.

Essa mentalidade de Guerra Fria de superação é um beco sem saída. É uma maneira cara, defensiva e paranóica de construir produtos. Empresas defensivas e paranóicas não podem planejar o futuro, só conseguem olhar para trás. Elas não lideram, apenas seguem.
Se você quer construir uma empresa que apenas segue, nem se dê o trabalho de terminar esse texto.

E aí, o que fazer então? A resposta é fazer menos. Faça menos do que seus concorrentes para vencê-los. Resolva os problemas simples e deixe os problemas difíceis, complicados e desafiadores para os outros. Em vez de superar, tente simplificar. Em vez de fazer mais, tente fazer menos.

Vou falar em post futuros sobre esse conceito, mas para começar, fazer menos significa:

- Menos funcionalidades
- Menos opções/preferências
- Menos pessoas e estrutura corporativa
- Menos reuniões e abstrações
- Menos promessas

Capítulo 5: Qual é o seu problema?

Construa software para você mesmo

Uma excelente maneira de construir software é começar resolvendo seus próprios problemas. Você será o público-alvo e saberá o que é importante e o que não é. Isso te dá uma grande vantagem para entregar um produto incrível.

A chave aqui é entender que você não está sozinho. Se você está enfrentando esse problema, é provável que centenas de milhares de outras pessoas estejam no mesmo barco. Aí está o seu mercado. Não foi fácil?

O Basecamp originou-se de um problema: Como uma empresa de design, a 37signals precisava de uma forma simples de comunicar sobre projetos com clientes. Começou fazendo isso através de extranets de clientes que eram atualziadas manualmente. Mas, alterar o html à mão toda vez que um projeto precisava ser atualizado simplesmente não estava funcionando. Esses sites de projetos sempre pareciam ficar obsoletos e eventualmente eram abandonados. Era frustrante porque ficava desorganizado e os clientes no escuro.

Então, a alternativa era procurar outras opções. No entanto, todas as ferramentas disponíveis ou 1) não faziam o que era preciso ou 2) estavam saturadas de recursos desnecessários — como faturamento, controles de acesso rigorosos, gráficos, etc. Tinha que haver uma maneira melhor, então a solução foi construir a nossa própria.

Quando você resolve o seu próprio problema, cria uma ferramenta pela qual é apaixonado. E a paixão é a chave. Paixão significa que você realmente usará e se importará com ela. E essa é a melhor maneira de fazer os outros se sentirem apaixonados por ela também.

Coçando a própria coceira

O mundo Open Source adotou esse mantra há muito tempo — eles chamam isso de "coçar a própria coceira". Para os desenvolvedores de código aberto, isso significa que eles obtêm as ferramentas que desejam, entregues da maneira que querem. Mas o benefício vai muito além.

Como designer ou desenvolvedor de uma nova aplicação, você enfrenta centenas de microdecisões todos os dias: azul ou verde? Uma mesa ou duas? Estático ou dinâmico? Abortar ou recuperar? Como tomamos essas decisões? Se é algo que reconhecemos como importante, podemos perguntar. O resto, adivinhamos. E toda essa adivinhação acumula uma espécie de dívida em nossas aplicações — uma teia interconectada de suposições.

Como desenvolvedor, eu odeio isso. O conhecimento de todas essas pequenas bombas-relógio nas aplicações que escrevo adiciona ao meu estresse. Desenvolvedores de código aberto, coçando suas próprias coceiras, não sofrem com isso. Porque eles são seus próprios usuários, eles sabem as respostas corretas para 90% das decisões que têm que tomar. Eu acho que essa é uma das razões pelas quais as pessoas voltam para casa depois de um dia duro de codificação e então trabalham em código aberto: É relaxante.

—Dave Thomas, The Pragmatic Programmers

Nascido da necessidade

O Campaign Monitor realmente nasceu da necessidade. Por anos ficamos frustrados com a qualidade das opções de email marketing disponíveis. Uma ferramenta faria x e y mas nunca z, a próxima tinha y e z acertados mas simplesmente não conseguia fazer x direito. Não podíamos ganhar.

Decidimos limpar nossa agenda e tentar construir nossa ferramenta dos sonhos de email marketing. Decidimos conscientemente não olhar para o que todos os outros estavam fazendo e, em vez disso, construir algo que tornasse a nossa vida e a dos nossos clientes um pouco mais fácil.

Como se viu, não éramos os únicos insatisfeitos com as opções disponíveis. Fizemos algumas modificações no software para que qualquer empresa de design pudesse usá-lo e começamos a espalhar a palavra. Em menos de seis meses, milhares de designers estavam usando o Campaign Monitor para enviar newsletters por email para si mesmos e seus clientes.

—David Greiner, fundador do Campaign Monitor

Você precisa se importar

Quando você escreve um livro, precisa ter mais do que uma história interessante. Você precisa ter o desejo de contar essa história. Você precisa estar pessoalmente investido de alguma forma. Se você vai conviver com algo por dois anos, três anos, o resto da sua vida, você precisa se importar com isso.

—Malcolm Gladwell, autor (de "A Few Thin Slices of Malcolm Gladwell")

Capítulo 6: Finance a você mesmo

Dinheiro externo é o plano B

A primeira prioridade de muitas startups é adquirir financiamento de investidores. Mas lembre-se, se você recorrer a fontes externas para financiamento, também terá que responder a eles. As expectativas são elevadas. Os investidores querem seu dinheiro de volta — e rapidamente. O triste fato é que capitalizar muitas vezes começa a ser mais importante do que construir um produto de qualidade.

Hoje em dia, não é preciso muito para começar. O hardware é barato e muitos softwares de infraestrutura excelentes são de código aberto e gratuitos. E paixão não tem preço.

Então faça o que puder com o dinheiro que tem em mãos. Pense bem e determine o que é realmente essencial e do que você pode abrir mão. O que você pode fazer com três pessoas em vez de dez? O que você pode fazer com $20 mil em vez de $100 mil? O que você pode fazer em três meses em vez de seis? O que você pode fazer se manter seu emprego e desenvolver seu aplicativo nas horas vagas?

Restrições forçam a criatividade

Operar com recursos limitados forçará você a lidar com restrições mais cedo e intensamente. E isso é bom. Restrições impulsionam a inovação.

Restrições também forçam você a colocar sua ideia em prática mais cedo do que tarde — outra coisa boa. Um ou dois meses depois de começar, você já deve ter uma boa ideia se sua proposta tem potencial ou não. Se tiver, em breve você será auto-sustentável e não precisará de dinheiro externo. Se sua ideia for um fracasso, é hora de voltar para a prancheta. Pelo menos você sabe agora, ao invés de meses (ou anos) depois. E pelo menos você pode sair facilmente. Planos de saída se tornam muito mais complicados uma vez que investidores estão envolvidos.

Se você está criando software apenas para ganhar dinheiro rápido, isso será notado. A verdade é que um pagamento rápido é bastante improvável. Então foque em construir uma ferramenta de qualidade com a qual você e seus clientes possam conviver por muito tempo.

Dois caminhos

[Jake Walker começou uma empresa com dinheiro de investidor (Disclive) e outra sem (The Show). Aqui ele discute as diferenças entre os dois caminhos.]

A raiz de todos os problemas não foi levantar dinheiro em si, mas tudo que veio com isso. As expectativas são simplesmente mais altas. As pessoas começam a receber salários, e a motivação é construir e vender, ou encontrar alguma outra maneirapara os investidores iniciais recuperarem seu dinheiro. No caso da primeira empresa, simplesmente começamos a agir como se fôssemos muito maiores do que éramos — por necessidade...

[Com The Show] percebemos que poderíamos entregar um produto muito melhor com menos custos, apenas com mais tempo. E apostamos um pouco do nosso próprio dinheiro que as pessoas estariam dispostas a esperar por qualidade em vez de velocidade. Mas a empresa permaneceu (e provavelmente continuará a ser) uma operação pequena. E desde aquele primeiro projeto, temos sido totalmente auto-financiados. Com apenas um pouco de criatividade nos termos de nossos fornecedores, nunca realmente precisamos colocar muito do nosso próprio dinheiro na operação. E a expectativa não é crescer e vender, mas crescer pelo bem do crescimento e continuar a se beneficiar financeiramente.

—Um comentário de **Signal vs. Noise**

Capítulo 7: Fixe prazo e orçamento, flexibilize o escopo

Lance no prazo e dentro do orçamento

Aqui vai uma maneira fácil de lançar no prazo e dentro do orçamento: mantenha ambos fixos. Nunca jogue mais tempo ou dinheiro num problema, apenas reduza o escopo.

Existe uma lenda mais ou menos assim: podemos lançar no prazo, dentro do orçamento e com o escopo planejado. Isso quase nunca acontece e, quando acontece, a qualidade muitas vezes é prejudicada.

Se você não consegue encaixar tudo dentro do tempo e orçamento previstos, então não expanda o tempo e o orçamento. Em vez disso, diminua o escopo. Você sempre vai poder adicionar coisas depois — o depois é eterno, o agora é passageiro.

Lançar algo incrível que é um pouco menor em escopo do que o planejado é melhor do que lançar algo medíocre e cheio de falhas porque você tinha que atingir uma janela mágica de tempo, orçamento e escopo. Deixe a mágica para o Houdini. Você tem um negócio de verdade para gerir e um produto de verdade para entregar.

Aqui estão os benefícios de fixar o tempo e o orçamento, mantendo o escopo flexível:

Priorização

Você tem que descobrir o que é realmente importante. O que vai entrar nesse lançamento inicial? Isso impõe uma restrição que te forçará a tomar decisões difíceis, em vez de ficar em cima do muro.

Realidade

Definir expectativas é chave. Se você tentar fixar tempo, orçamento e escopo, não será capaz de entregar um produto de alta qualidade. Claro, você provavelmente pode entregar algo, mas é "algo" que você realmente quer entregar?

Flexibilidade

A capacidade de mudar é essencial. Ter tudo fixo torna difícil mudar. Injetar flexibilidade no escopo introduzirá opções baseadas na sua experiência construindo o produto. Flexibilidade é sua amiga.

Nossa recomendação: Reduza o escopo. É melhor fazer metade de um produto do que um produto mal feito.

Um, dois, três...

> Como um projeto chega ao ponto de ficar um ano atrasado?
> Um dia de cada vez.

—Fred Brooks, autor de **"The mythical man-month"**

Capítulo 8: Tenha um inimigo

Compre uma briga

Às vezes, a melhor maneira de saber o que seu aplicativo deve ser é saber o que ele não deve ser. Descubra o inimigo do seu aplicativo e você iluminará o caminho a seguir.

Quando decidimos criar um software de gerenciamento de projetos, sabíamos que o Microsoft Project era o gorila na sala. Em vez de temer o gorila, usamos isso como um motivador. Decidimos que o Basecamp seria algo completamente diferente, o anti-Project.

Percebemos que o gerenciamento de projetos não é sobre gráficos, tabelas, relatórios e estatísticas — é sobre comunicação. Também não é sobre um gerente de projetos sentado no alto e transmitindo um plano de projeto. É sobre todos assumirem a responsabilidade juntos para fazer o projeto funcionar.

Nosso inimigo eram os Ditadores de Gerenciamento de Projetos e as ferramentas que eles usavam para dar ordens. Queríamos democratizar o gerenciamento de projetos — torná-lo algo do qual todos participassem (incluindo o cliente). Os projetos têm melhores resultados quando todos assumem a propriedade coletiva do processo.

Quando chegou a hora do Writeboard, sabíamos que havia concorrentes por aí com muitos recursos impressionantes. Então, decidimos enfatizar um ângulo "sem complicações" em vez disso. Criamos um aplicativo que permitia às pessoas compartilhar e colaborar em ideias de forma simples, sem sobrecarregá-las com recursos não essenciais. Se não era essencial, deixávamos de fora. E em apenas três meses após o lançamento, mais de 100.000 Writeboards foram criados.

Quando começamos o Backpack, nosso inimigo era a estrutura

e regras rígidas. As pessoas deveriam poder organizar suas informações do seu próprio jeito — não com base em uma série de telas pré-formatadas ou uma infinidade de campos de formulário obrigatórios.

Um bônus de ter um inimigo é uma mensagem de marketing muito clara. As pessoas são estimuladas pelo conflito. E elas também entendem um produto ao compará-lo com outros. Com um inimigo escolhido, você está alimentando as pessoas com uma história que elas querem ouvir. Não só elas entenderão seu produto melhor e mais rápido, mas também tomarão partido. E essa é uma maneira infalível de chamar atenção e acender a paixão.

Dito tudo isso, também é importante não ficar obcecado com a concorrência. Analisar demais outros produtos começará a limitar a maneira como você pensa. Dê uma olhada e depois siga para sua própria visão e suas próprias ideias.

Não siga o líder

Os profissionais de marketing (e todos os seres humanos) são bem treinados para seguir o líder. O instinto natural é descobrir o que está funcionando para a concorrência e tentar superá-lo — ser mais barato que seu concorrente que compete em preço, ou mais rápido que o concorrente que compete em velocidade. O problema é que, uma vez que um consumidor comprou a história de outra pessoa e acredita naquela mentira, persuadi-lo a mudar é o mesmo que persuadi-lo a admitir que estava errado. E as pessoas odeiam admitir que estão erradas.

Em vez disso, você deve contar uma história diferente e persuadir os ouvintes de que sua história é mais importante do que a história em que eles atualmente acreditam. Se a sua concorrência é mais rápida, você deve ser mais barato. Se eles vendem a história da saúde, você deve vender a história da conveniência. Não apenas a posição no eixo x/y do tipo "Somos mais baratos", mas uma história real que é completamente diferente da história que já está sendo contada.

—Seth Godin, autor/empreendedor (de "Be a Better Liar")

Qual é o problema chave?

Uma das maneiras mais rápidas de se meter em problemas é olhar para o que seus concorrentes estão fazendo. Isso tem sido especialmente verdadeiro para nós na BlinkList. Desde que lançamos, cerca de 10 outros serviços de bookmarking social foram lançados. Algumas pessoas até começaram a gerar planilhas online com uma comparação detalhada recurso por recurso.

No entanto, isso pode rapidamente levar alguém a se desviar. Em vez disso, permanecemos focados e continuamos nos perguntando, qual é o problema chave que estamos tentando resolver e como podemos resolver isso.

—Michael Reining, co-fundador, MindValley & Blinklist

Capítulo 9: Não deveria ser uma obrigação

Sua paixão — ou falta dela — transparece

Quanto menos seu aplicativo se sentir como uma obrigação para construir, melhor ele será. Mantenha-o pequeno e gerenciável para que você possa realmente desfrutar do processo.

Se seu aplicativo não te empolga, algo está errado. Se você está trabalhando nele apenas para conseguir um retorno financeiro, isso ficará evidente. Da mesma forma, se você sente paixão pelo seu aplicativo, isso será percebido no produto final. As pessoas conseguem ler nas entrelinhas.

A presença da paixão

No design, onde o significado é muitas vezes controversamente subjetivo ou dolorosamente inescrutável, poucas coisas são mais aparentes e lúcidas do que a presença da paixão. Isso é verdade seja o design de um produto que te encanta ou te deixa indiferente; em ambos os casos, é difícil não detectar o investimento emocional das mãos que o construíram.

O entusiasmo se manifesta prontamente, é claro, mas a indiferença é igualmente indelével. Se o seu compromisso não inclui uma paixão genuína pelo trabalho em questão, torna-se um vazio que é quase impossível de ocultar, não importa quão elaboradamente ou atraentemente seja projetado.

—Khoi Vinh, Subtraction.com

A padaria

O negócio americano, neste momento, é realmente sobre desenvolver uma ideia, torná-la lucrativa, vendê-la enquanto é lucrativa e então sair ou diversificar. É apenas sobre sugar tudo. Minha ideia era: Aproveite assar, venda seu pão, as pessoas gostam, venda mais. Mantenha a padaria funcionando porque você está fazendo comida boa e as pessoas estão felizes.

—Ian MacKaye, membro do Fugazi e co-proprietário da Dischord Records (de Salon.com)

Mantenha-se enxuto

Capítulo 10: Menos massa

Quanto mais enxuto você for, mais fácil é mudar

Quanto mais massa tem um objeto, mais energia é necessária para mudar sua direção. Isso é tão verdade no mundo dos negócios quanto no mundo da física.

Quando se trata de tecnologia web, a mudança deve ser fácil e barata. Se você não pode mudar rapidamente, perderá espaço para alguém que pode. É por isso que você precisa buscar menos massa.

A massa é aumentada por...

- Contratos de longo prazo
- Excesso de pessoal
- Decisões permanentes
- Reuniões sobre outras reuniões
- Processos complexos
- Estoque (físico ou mental)
- Dependências de hardware, software, tecnologia
- Formatos de dados proprietários
- O passado governando o futuro
- Roadmaps de longo prazo
- Politicagem corporativa

A massa é reduzida por...

- Pensamento sob demanda
- Membros da equipe multitarefas
- Abraçar restrições, não tentar levantá-las
- Menos software, menos código
- Menos funcionalidades

- Times pequenos
- Simplicidade
- Interfaces simplificadas
- Produtos de código aberto
- Formatos de dados abertos
- Uma cultura transparente que facilita admitir erros

Menos massa permite mudar de direção rapidamente. Você pode reagir e evoluir. Você pode focar nas boas ideias e abandonar as ruins. Você pode ouvir e responder aos seus clientes. Você pode integrar novas tecnologias agora, em vez de mais tarde. Em vez de um porta-aviões, você dirige uma lancha. Aprecie esse fato.

Por exemplo, vamos imaginar uma empresa enxuta, com menos massa, que construiu um produto com menos software e menos funcionalidades. Do outro lado está uma empresa com mais massa, que tem um produto com significativamente mais software e mais funcionalidades. E se uma nova tecnologia como Ajax ou um novo conceito como tagging surgir? Quem vai ser capaz de adaptar seu produto mais rápido? A equipe com mais software e mais funcionalidades e um roadmap de 12 meses ou a equipe com menos software e menos funcionalidades e um processo mais orgânico de "vamos focar no que precisamos agora"?

Obviamente, a empresa com menos massa está em melhor posição para ajustar-se às reais demandas do mercado. A empresa com mais massa provavelmente ainda estará discutindo mudanças ou empurrando-as através de seu processo burocrático muito tempo depois de a empresa com menos massa ter feito a mudança. A empresa com menos massa estará dois passos à frente enquanto a empresa com mais massa ainda estará tentando descobrir como andar.

Negócios ágeis, flexíveis, com menos massa podem rapidamente mudar todo o seu modelo de negócios, produto, conjunto de funcionalidades e mensagem de marketing. Eles podem cometer erros e corrigi-los rapidamente. Eles podem mudar suas prioridades, mix de produtos e foco. E, o mais importante, **eles podem mudar de ideia**.

Capítulo 11: Diminua seu custo de mudança

Mantenha-se flexível reduzindo obstáculos à mudança

A mudança é sua melhor amiga. Quanto mais caro for fazer uma mudança, menos provável será que você a faça. E se seus concorrentes podem mudar mais rápido do que você, você está em grande desvantagem. Se a mudança se tornar muito cara, você está morto.

Aqui é onde ser enxuto realmente ajuda. A habilidade de mudar rapidamente é algo que pequenas equipes têm por padrão e que grandes equipes nunca podem ter. É aqui que os grandes invejam os pequenos. O que pode levar uma grande equipe em uma enorme organização semanas para mudar, pode levar apenas um dia em uma organização pequena e enxuta. Essa vantagem é inestimável. Mudanças baratas e rápidas são a arma secreta dos pequenos.

E lembre-se: Todo o dinheiro, todo o marketing, todas as pessoas do mundo não podem comprar a agilidade que você tem por ser pequeno.

Quando se trata de tecnologia web, a mudança deve ser fácil e barata. Se você não pode mudar rapidamente, você perderá espaço para alguém que pode. É por isso que você precisa buscar menos massa.

Emergência

Emergência é um dos princípios fundamentais da agilidade e é o mais próximo de pura magia. Propriedades emergentes não são projetadas ou construídas, elas simplesmente acontecem como um resultado dinâmico do resto do sistema. "Emergência" vem do latim do século 17, no sentido de uma "ocorrência imprevista". Você não pode planejar ou agendar isso, mas você pode cultivar um ambiente onde você permite que isso aconteça e você se beneficie.

Um exemplo clássico de emergência está no comportamento de revoada dos pássaros. Uma simulação de computador pode usar tão poucas quanto três regras simples (ao longo das linhas de "não colidir uns com os outros") e, de repente, você obtém um comportamento muito complexo à medida que a revoada se desloca graciosamente pelo céu, reformando-se ao redor de obstáculos, e assim por diante. Nenhum desse comportamento avançado (como reformar a mesma forma ao redor de um obstáculo) é especificado pelas regras; ele emerge da dinâmica do sistema.

Regras simples, como com a simulação dos pássaros, levam a um comportamento complexo. Regras complexas, como com a lei tributária na maioria dos países, levam a um comportamento estúpido.

Muitas práticas comuns de desenvolvimento de software têm o efeito colateral infeliz de eliminar qualquer chance de comportamento emergente. A maioria das tentativas de otimização — fixar algo muito explicitamente — reduz a amplitude e o escopo das interações e relacionamentos, que é a própria fonte da emergência. No exemplo da revoada de pássaros, como em um sistema bem projetado, são as interações e relacionamentos que criam o comportamento interessante.

Quanto mais apertamos as coisas, menos espaço há para uma solução criativa e emergente. Seja bloqueando requisitos antes de serem bem compreendidos, otimizando prematuramente o código ou inventando cenários complexos de navegação e fluxo de trabalho antes de permitir que os usuários finais brinquem com o sistema, o resultado é o mesmo: um sistema excessivamente complicado e estúpido, em vez de um sistema limpo e elegante que aproveita a emergência.

Mantenha as coisas pequenas. Mantenha as coisas simples. Deixe acontecer.

—Andrew Hunt, The Pragmatic Programmers

Capítulo 12: Os Três Mosqueteiros

Use uma equipe de três para a versão 1.0

Para a primeira versão do seu aplicativo, comece com apenas três pessoas. Esse é o número mágico que lhe dará capacidade o suficiente, mas ainda permitirá que você permaneça ágil e enxuto. Comece com um desenvolvedor, um designer e um faz-tudo (alguém que pode transitar entre os dois mundos).

Claro, é um desafio construir um aplicativo com algumas poucas pessoas. Mas, se você tiver a equipe certa, vale a pena. Pessoas talentosas não precisam de recursos infinitos. Elas prosperam com o desafio de trabalhar dentro de restrições e usar sua criatividade para resolver problemas. Sua falta de mão de obra significa que você será forçado a lidar com tradeoffs mais cedo no processo — e tudo bem. Isso fará com que você descubra suas prioridades mais cedo em vez de mais tarde. E você será capaz de se comunicar sem estar constantemente preocupado em deixar pessoas fora do loop.

Se você não pode construir sua versão inicial com três pessoas, então você precisa de pessoas diferentes ou precisa enxugar sua versão inicial. Lembre-se, está tudo bem manter sua primeira versão pequena e concisa. Você rapidamente verá se sua ideia tem asas e, se tiver, você terá uma base limpa e simples para construir a partir daí.

A Lei de Metcalfe e equipes de projeto

Mantenha a equipe o menor possível. A Lei de Metcalfe, que diz que "o valor de um sistema de comunicação cresce aproximadamente ao quadrado do número de usuários do sistema", tem um corolário quando se trata de equipes de projeto: A eficiência da equipe é aproximadamente o inverso do quadrado do número de membros na equipe. Comece reduzindo o número de pessoas que você planeja adicionar à equipe, e então reduza um pouco mais.

—Marc Hedlund, empreendedor-residente na O'Reilly Media

Fluxo de comunicação

A comunicação flui mais facilmente em equipes pequenas do que em equipes grandes. Se você é a única pessoa em um projeto, a comunicação é simples. O único caminho de comunicação é entre você e o cliente. À medida que o número de pessoas em um projeto aumenta, no entanto, também aumenta o número de caminhos de comunicação. Isso não aumenta de forma aditiva, conforme o número de pessoas aumenta, ele aumenta de forma multiplicativa, proporcional ao quadrado do número de pessoas.

—Steve McConnell, Engenheiro de Software Chefe na Construx Software Builders Inc. (de "Less is More: Jumpstarting Productivity with Small Teams")

Capítulo 13: Abrace as limitações

Deixe as limitações te guiarem para soluções criativas

Sempre vai faltar alguma coisa. Falta tempo. Falta dinheiro. Falta gente.

E isso é uma coisa boa.

Em vez de surtar com as limitações, abrace-as. Deixe elas serem o guia. As limitações promovem inovação e forçam o foco. Em vez de lutar contra elas, use-as a seu favor.

Quando o Basecamp foi construído, haviam várias limitações:
- Uma empresa de design pra tocar
- Projetos para clientes acontecendo
- Uma diferença de 7 horas no fuso horário (David estava programando na Dinamarca, e o restante do time nos Estados Unidos)
- Uma equipe pequena
- Nada de financiamento externo

A amargura do "não é suficiente" pairava no ar. Nesse caso, o segredo era dar garfadas pequenas. Assim, não dava pra abocanhar coisa demais. Tarefas grandes eram divididas em pedaços pequenos e enfrentadas uma de cada vez. Avançando passo a passo e priorizando ao longo do caminho.

Isso forçou a descoberta de soluções criativas. O custo de mudança foi reduzido, sempre construindo menos software. As pessoas recebiam apenas recursos suficientes para resolverem seus problemas do jeito delas — e sem ninguém no caminho. A diferença de fuso horário e a distância gerou mais eficiência na comunicação. Em vez de encontros pessoais, a comunicação era quase exclusivamente via chat e e-mail, o que forçava a ir direto ao ponto rapidamente.

As limitações são muitas vezes vantagens disfarçadas. Esqueça sobre investimento externo, ciclos longos de lançamento e contratações rápidas. Em vez disso, trabalhe com o que você tem.

Capítulo 14: Seja você mesmo

Diferencie-se das grandes empresas sendo pessoal e amigável

Muitas empresas pequenas cometem o erro de tentar agir como grandes. É como se elas percebessem seu tamanho como uma fraqueza que precisa ser encoberta. Que pena. Ser pequeno pode na verdade ser uma enorme vantagem, especialmente quando se trata de comunicação.

Empresas pequenas desfrutam de menos formalidades, menos burocracia e mais liberdade. **Empresas menores são, por padrão, mais próximas do cliente.** Isso significa que elas podem se comunicar de uma maneira mais direta e pessoal com os clientes. Se você é pequeno, pode usar uma linguagem familiar em vez de jargões. Seu site e seu produto podem ter uma voz humana em vez de soar como um drone corporativo. Ser pequeno significa que você pode conversar com seus clientes, não falar de cima para baixo com eles.

Há também vantagens nas comunicações internas em empresas pequenas. Você pode dispensar formalidades. Não há necessidade de processos árduos e múltiplas aprovações em tudo. Todos no processo podem falar aberta e honestamente. Esse fluxo livre de ideias é uma das grandes vantagens de permanecer pequeno.

Seja orgulhosamente e desafiadoramente verdadeiro

Embora você possa pensar que um cliente pode ser enganado por exageros sobre o número de funcionários em sua empresa ou a amplitude de suas ofertas, os inteligentes, aqueles que você realmente quer, sempre saberão a verdade – seja por intuição ou dedução. Embaraçosamente, eu já fiz parte de mentiras brancas como essa no passado, e nenhuma dessas situações resultou no que mais importa para um negócio: relações significativas, duradouras e mutuamente benéficas com pessoas que tinham uma real necessidade pelos serviços oferecidos. O melhor caminho teria sido ser orgulhosamente e desafiadoramente verdadeiro sobre o tamanho exato e a amplitude da empresa.

–Khoi Vinh, Subtraction.com e co-fundador da Behavior LLC

A qualquer momento

Não importa em que negócio você está, um bom atendimento ao cliente tem que ser o maior pedido que qualquer cliente jamais fará. Nós exigimos isso para os serviços que usamos, então por que pensaríamos que nossos clientes seriam diferentes? Desde o início, tornamos fácil e transparente para nossos clientes entrar em contato conosco para qualquer número de perguntas que possam ter. Em nosso site, listamos um número gratuito que encaminha para nossos celulares e em nossos cartões de visita, cada um de nós lista nossos números de celular. Enfatizamos para nossos clientes que eles podem entrar em contato conosco a qualquer momento, não importa qual seja o problema. Nossos clientes apreciam esse nível de confiança e ninguém nunca abusou deste serviço.

–Edward Knittel, Diretor de Vendas e Marketing, KennelSource

Prioridades

Capítulo 15: Qual é a grande ideia?

Defina explicitamente a visão única para o seu aplicativo

O que seu aplicativo representa? Sobre o que ele é realmente? Antes de começar a projetar ou codificar qualquer coisa, você precisa conhecer o propósito do seu produto — a visão. Pense grande. Por que ele existe? O que o torna diferente de outros produtos similares?

Esta visão guiará suas decisões e manterá você em um caminho consistente. Sempre que houver um ponto de dúvida, pergunte: "Estamos sendo fiéis à visão?"

Sua visão também deve ser breve. Uma frase deve ser suficiente para transmitir a ideia. Aqui está a visão para cada um dos nossos produtos:
- **Basecamp:** Gerenciamento de projetos é comunicação
- **Backpack:** Reúna as pontas soltas da vida
- **Campfire:** Chat em grupo por mensagem instantânea é ruim
- **Ta-da List:** Competindo com um post-it
- **Writeboard:** Word é um exagero

Com o Basecamp, por exemplo, a visão era "Gerenciamento de projetos é comunicação". Sentíamos fortemente que uma comunicação eficaz em um projeto leva à propriedade coletiva, envolvimento, investimento e momentum. Isso coloca todos na mesma página trabalhando em direção a um objetivo comum. Sabíamos que se o Basecamp pudesse realizar isso, todo o resto se alinharia.

Essa visão nos levou a manter o Basecamp o mais aberto

e transparente possível. Em vez de limitar a comunicação dentro de uma firma, também demos acesso aos clientes. Pensamos menos sobre permissões e mais sobre encorajar todos os participantes a participar. A visão é o motivo pelo qual pulamos gráficos, tabelas, relatórios, estatísticas e planilhas e, em vez disso, focamos em prioridades de comunicação como mensagens, comentários, listas de tarefas e compartilhamento de arquivos. Faça a grande decisão sobre sua visão antecipadamente e todas as suas futuras pequenas decisões se tornam muito mais fáceis.

Filosofia do Quadro Branco

> Andy Hunt e eu uma vez escrevemos um interruptor de transação de cartão de débito. Um requisito principal era que o usuário de um cartão de débito não deveria ter a mesma transação aplicada à sua conta duas vezes. Em outras palavras, não importa que tipo de falha que pudesse acontecer, o erro deveria ir para o lado de não processar uma transação em vez de processar uma transação duplicada.
>
> Então, escrevemos no nosso quadro branco compartilhado em letras grandes: Erre a favor dos usuários.
>
> Isso se juntou a cerca de meia dúzia de outros máximas. Conjuntamente, estas máximas guiaram todas aquelas decisões complicadas que você faz ao construir algo complexo. Juntas, estas leis deram à nossa aplicação uma forte coerência interna e grande consistência externa.

—Dave Thomas, The Pragmatic Programmers

Faça um Mantra

> Organizações precisam de guias. Elas precisam de um esboço; os funcionários precisam saber cada dia quando acordam por que estão indo trabalhar. Esse esboço deve ser curto e doce, e abrangente: Por que você existe? O que motiva você? Eu chamo isso de mantra — uma descrição de

três ou quatro palavras do porquê você existe.

—Guy Kawasaki, autor

Capítulo 16: Ignore os detalhes no início

Trabalhe do maior para o menor

Somos loucos pelos detalhes:
- O espaço entre objetos
- O tipo de letra perfeito
- A cor perfeita
- As palavras perfeitas
- Quatro linhas de código em vez de sete
- 90% vs 89%
- 760px vs 750px
- $39/mês vs. $49/mês

O sucesso e a satisfação estão nos detalhes.

No entanto, o sucesso não é a única coisa que você encontrará nos detalhes. Você também encontrará estagnação, discordância, reuniões e atrasos. Essas coisas podem matar o moral e diminuir suas chances de sucesso.

Quantas vezes você se viu preso em um único elemento de design ou código por um dia inteiro? Quantas vezes você percebeu que o progresso que fez hoje não foi um progresso real? Isso acontece quando você foca nos detalhes muito cedo no processo. Há muito tempo para ser um perfeccionista. Só faça isso mais tarde.

Não se preocupe com o tamanho da fonte do seu título na primeira semana. Você não precisa acertar aquele tom perfeito de verde na segunda semana. Você não precisa mover aquele botão de "enviar" três pixels para a direita na terceira semana. Apenas coloque as coisas na página por enquanto. Depois use-as. Certifique-se de que funciona. Mais tarde, você pode ajustar e aperfeiçoá-las.

Os detalhes se revelam conforme você usa o que está construindo. Você verá o que precisa de mais atenção. Você sentirá o que está faltando. Você saberá quais buracos precisam ser pavimentados porque você vai continuar esbarrando neles. É nesse momento que você precisa prestar atenção, não antes.

Deus está nos detalhes

Eu realmente superei a atitude de "entrar nos detalhes imediatamente" depois que fiz algumas aulas de desenho... Se você começar a desenhar os detalhes imediatamente, pode ter certeza de que o desenho vai ser ruim. Na verdade, você está entendendo tudo errado.

Você deve começar acertando as proporções certas para toda a cena. Então você esboça os maiores objetos da sua cena, até o menor. O esboço deve ser muito solto até este ponto. Depois você pode prosseguir com sombreamento, que consiste em dar vida ao volume. Você começa com apenas três tons (claro, médio, escuro). Isso lhe dá um esboço tonal. Então, para cada parte do seu desenho, você reavalia três tonalidades e as aplica. Faça isso até que os volumes estejam lá (requer múltiplas iterações)...

Trabalhe do maior para o menor. Sempre.

—Patrick Lafleur, Creation Objet Inc.

Capítulo 17: É um problema quando for um problema

Não perca tempo com problemas que você ainda não tem

Você realmente precisa se preocupar em dimensionar para 100.000 usuários hoje se levará dois anos para chegar lá?

Você realmente precisa contratar oito programadores se só precisa de três hoje?

Você realmente precisa de 12 servidores de ponta agora se pode operar com dois por um ano?

Improvise

As pessoas frequentemente gastam muito tempo no início tentando resolver problemas que nem sequer têm ainda. Não faça isso. Na verdade, o Basecamp foi lançado sem a capacidade de cobrar os clientes! Como o produto era faturado em ciclos mensais, sabíamos que tínhamos um intervalo de 30 dias para resolver isso. Usamos esse tempo para resolver problemas mais urgentes e, depois do lançamento, lidamos com a cobrança. Funcionou bem (e nos obrigou a encontrar uma solução simples sem firulas desnecessárias).

Não se preocupe com coisas até que seja realmente necessário. Não faça um excesso de construção. Aumente o hardware e o software do sistema conforme necessário. Se você for um pouco mais lento por uma semana ou duas, não é o fim do mundo. Seja honesto: explique aos seus clientes que está passando por alguns desafios de crescimento. Eles podem não ficar entusiasmados, mas apreciarão a franqueza.

Conclusão: Tome decisões no momento certo, quando tiver acesso às informações reais de que precisa. Enquanto isso, você poderá dedicar atenção às coisas que exigem cuidados imediatos.

Capítulo 18: Contrate os clientes certos

Encontre o mercado principal da sua aplicação e foque somente nele

O cliente nem sempre tem razão. A verdade é que você precisa filtrar quem está certo e quem está errado para o seu aplicativo. A boa notícia é que a internet facilita mais do que nunca encontrar as pessoas certas. Se tentar agradar a todos, você não agradará ninguém.

Quando construímos o Basecamp, focamos nosso marketing em empresas de design. Ao restringir nosso mercado dessa forma, tornamos mais provável atrair clientes apaixonados que, por sua vez, evangelizariam o produto. Saiba para quem o seu aplicativo é realmente destinado e concentre-se em agradá-los.

A Melhor Decisão que Já Tomamos

A decisão de direcionar o Campaign Monitor estritamente para o mercado de design web foi a melhor escolha que já fizemos. Isso nos permitiu identificar facilmente quais recursos seriam genuinamente úteis e, mais importante, quais recursos deixar de fora. Não só atraímos mais clientes ao visar um grupo menor de pessoas, mas esses clientes também têm necessidades similares, o que facilita muito nosso trabalho. Há muitos recursos no Campaign Monitor que seriam inúteis para qualquer pessoa que não fosse um web designer.

Focar em um mercado central também facilita muito a divulgação do seu software. Agora que temos um público bem definido, podemos anunciar onde eles frequentam online, publicar artigos que possam achar interessantes e, de modo geral, construir uma comunidade em torno do nosso produto.

—David Greiner, fundador do Campaign Monitor

Capítulo 19: Escale depois

Você ainda não tem um problema de escalabilidade

"Meu aplicativo vai escalar conforme milhões de pessoas comecem a usá-lo?"

Sabe de uma coisa? Espere até que isso realmente aconteça. Se você tem um grande número de pessoas sobrecarregando seu sistema, então parabéns! Esse é um ótimo problema para se ter. A verdade é que a grande maioria dos aplicativos web nunca vai chegar a essa fase. E mesmo que você comece a ficar sobrecarregado, geralmente não é um problema de tudo ou nada. Você terá tempo para ajustar e responder ao problema. Além disso, você terá mais dados do mundo real e benchmarks após o lançamento, que você pode usar para descobrir as áreas que precisam ser abordadas.

Por exemplo, nós rodamos o Basecamp em um único servidor durante o primeiro ano. Porque optamos por uma configuração tão simples, levou apenas uma semana para implementar. Não começamos com um cluster de 15 máquinas ou gastamos meses preocupados com escalabilidade.

Nós enfrentamos alguns problemas? Alguns. Mas também percebemos que a maioria dos problemas que temíamos, como uma breve lentidão, realmente não era tão grande assim para os clientes. Contanto que você mantenha as pessoas informadas e seja honesto sobre a situação, elas entenderão. Em retrospectiva, estamos bastante felizes por não termos atrasado o lançamento por meses para criar "a configuração perfeita".

No começo, faça da construção de um produto central sólido a sua prioridade em vez de se obcecar com escalabilidade e fazendas de servidores. Crie um ótimo aplicativo e depois se preocupe com o que fazer uma vez que ele seja um sucesso estrondoso. Caso contrário, você pode desperdiçar energia, tempo e dinheiro fixando-se em algo que nunca acontece.

Acredite ou não, o problema maior não é escalar, mas chegar ao ponto em que você precisa escalar. Sem o primeiro problema, você não terá o segundo.

Você terá que revisitar de qualquer forma

O fato é que todo mundo tem problemas de escalabilidade, ninguém consegue lidar com o serviço passando de zero para alguns milhões de usuários sem revisitar quase todos os aspectos de seu design e arquitetura.

—Dare Obasanjo, Microsoft (de "Scaling Up and Startups")

Capítulo 20: Crie software com opinião

Seu app deve tomar partido

Algumas pessoas argumentam que o software deve ser agnóstico. Dizem que é arrogante os desenvolvedores limitarem funcionalidades ou ignorarem pedidos. Dizem que o software deve ser sempre o mais flexível possível.

Nós achamos isso um absurdo. Os melhores softwares tem uma visão. Os melhores softwares tomam partido. Quando alguém usa um software, não está apenas procurando por recursos, está procurando por uma abordagem. Está procurando por uma visão. Decida qual é a sua visão e siga com ela.

E lembre-se, se eles não gostarem da sua visão, há muitas outras visões por aí para as pessoas. Não corra atrás de pessoas que você nunca fará feliz.

Um ótimo exemplo é o design original do wiki. Ward Cunningham e amigos deliberadamente retiraram do wiki muitos recursos que eram considerados integrais para a colaboração em documentos no passado. Em vez de atribuir cada mudança do documento a uma certa pessoa, eles removeram grande parte da representação visual da propriedade. Eles tornaram o conteúdo sem ego e atemporal. Eles decidiram que não era importante quem escreveu o conteúdo ou quando foi escrito. E isso fez toda a diferença. Essa decisão fomentou um senso compartilhado de comunidade e foi um ingrediente chave no sucesso da Wikipedia.

Nossos aplicativos seguiram um caminho semelhante. Eles não tentam ser tudo para todas as pessoas. Eles têm uma atitude. Eles procuram clientes que são na verdade parceiros. Eles falam com pessoas que compartilham nossa visão. Ou você está dentro ou está fora.

Seleção de funcionalidades

Capítulo 21: Meio, não meia-boca

Construa meio produto, não um produto meia-boca.

Cuidado com a abordagem de "tudo e mais um pouco" no desenvolvimento de aplicativos web. Se você incluir toda ideia razoável que surgir, acabará com uma versão malfeita do seu produto. O que você realmente quer fazer é construir metade de um produto que seja excepcional.

Foque no que é verdadeiramente essencial. Boas ideias podem ser adiadas. **Pegue o que você acha que seu produto deve ser e corte pela metade.** Reduza as funcionalidades até restar apenas as mais essenciais. E então faça isso novamente.

O Basecamp começou apenas com a seção de mensagens. Sabíamos que essa era a essência do aplicativo, então ignoramos milestones, listas de tarefas e outros itens por hora. Isso nos permitiu basear decisões futuras em uso real em vez de suposições.

Comece com um aplicativo enxuto e inteligente e deixe que ele ganhe tração. Então você pode começar a adicionar à sólida base que construiu.

Capítulo 22: Simplesmente não importa

Somente o essencial

Nossa resposta favorita para a pergunta "por que vocês não fizeram isso ou aquilo?" é sempre: "Porque simplesmente não importa." Essa afirmação encapsula o que torna um produto excelente. Descobrir o que importa e deixar o resto de fora.

Quando lançamos o primeiro Campfire, ouvimos algumas dessas perguntas de pessoas que estavam conferindo o produto pela primeira vez:

"Por que timestamps apenas a cada 5 minutos? Por que não marcar cada linha do chat?" Resposta: Simplesmente não importa. Com que frequência você precisa rastrear uma conversa pelo segundo ou mesmo pelo minuto? Certamente não 95% do tempo. As timestamps de 5 minutos eram suficientes porque algo mais específico simplesmente não importava.
"Por que vocês não permitem formatação em negrito, itálico ou colorida nos chats?" Resposta: Simplesmente não importa. Se você precisa enfatizar algo, use a confiável tecla de caps lock ou coloque alguns *'s ao redor da palavra ou frase. Essas soluções não exigem software adicional, suporte técnico, poder de processamento ou têm uma curva de aprendizado. Além disso, formatação excessiva em um chat simples baseado em texto simplesmente não importa.

"Por que vocês não mostram o número total de pessoas na sala em um determinado momento?" Resposta: Simplesmente não importa. O nome de todos está listado, então você sabe quem está lá, mas que diferença faz se há 12 ou 16 pessoas? Se isso não muda seu comportamento, então simplesmente não importa.

Seria bom ter essas coisas? Claro. Mas elas são essenciais? Elas realmente importam? Não. E é por isso que as deixamos de fora. Os melhores designers e os melhores programadores não são aqueles com as melhores habilidades, ou os dedos mais ágeis, ou aqueles que podem arrasar no Figma ou na ferramenta de escolha, eles são aqueles que podem determinar o que simplesmente não importa. É aí que os verdadeiros ganhos são feitos.

A maior parte do tempo que você gasta é desperdiçada em coisas que simplesmente não importam. Se você pode cortar o trabalho e o pensamento que simplesmente não importam, você alcançará uma produtividade que nunca imaginou.

Capítulo 23: Parta do "Não"

Faça com que as funcionalidades trabalhem duro para serem implementadas

O segredo para construir meio produto, em vez de um produto meia-boca, está em dizer não.

Cada vez que você diz sim a uma funcionalidade, está adotando um filho. Você precisa passar por uma série de eventos com o seu bebê (por exemplo, design, implementação, teste, etc.). E uma vez que essa funcionalidade estiver lá fora, você está preso a ela. Tente retirar uma funcionalidade já lançada dos clientes e veja o quanto eles ficam irritados.

Não seja submisso

Faça com que cada funcionalidade trabalhe duro para ser implementada. Faça com que cada funcionalidade se prove e mostre que ela é uma sobrevivente. É como no "Clube da Luta". Você só deve considerar funcionalidades se elas estiverem dispostas a esperar na porta por três dias para serem aceitas.

É por isso que você começa com o não. Toda solicitação de nova funcionalidade que chega até nós - ou parte de nós - recebe um não. Nós ouvimos, mas não agimos. A resposta inicial é "não agora". Se uma solicitação de funcionalidade continua retornando, é quando sabemos que é hora de olhar mais profundamente. Somente então começamos a considerar a funcionalidade de verdade.

E o que você diz para as pessoas que reclamam quando você não adota a ideia da funcionalidade delas? Lembre-as por que gostam do aplicativo em primeiro lugar. "Você gosta porque dizemos não. Você gosta porque ele não faz 100 outras coisas. Você gosta porque não tenta agradar a todos o tempo todo."

Não Queremos Mil Funcionalidades

Steve Jobs fez uma pequena apresentação privada sobre a iTunes Music Store para algumas pessoas de gravadoras independentes. Sua frase favorita do dia foi quando as pessoas continuaram levantando as mãos dizendo: "Ele faz [x]?", "Você planeja adicionar [y]?". Finalmente, Jobs disse: "Esperem, esperem - baixem as mãos. Escutem: Eu sei que vocês têm mil ideias para todas as funcionalidades legais que o iTunes poderia ter. Nós também temos. Mas não queremos mil funcionalidades. Isso seria feio. Inovação não se trata de dizer sim a tudo. Trata-se de dizer NÃO a tudo, exceto as funcionalidades mais cruciais.

— Derek Sivers, presidente e programador, **CD Baby** and HostBaby (em **Say NO by default**)

Capítulo 24: Custos escondidos

Exponha o custo das novas funcionalidades

Mesmo que uma funcionalidade passe pela fase do "não", ainda é preciso expor seus custos ocultos.

Por exemplo, fique de olho em loops de funcionalidades (ou seja, funcionalidades que levam a mais funcionalidades). Recebemos pedidos para adicionar uma aba de reuniões ao Basecamp. Parece simples o suficiente até você examinar de perto. Pense em todos os diferentes itens que uma aba de reuniões pode exigir: local, horário, sala, pessoas, convites por email, integração com calendários, documentação de suporte, etc. Isso sem mencionar que teríamos que alterar capturas de tela promocionais, páginas de tour, páginas de FAQ/ajuda, os termos de serviço e mais. Antes que se perceba, uma ideia simples pode se transformar em uma grande dor de cabeça.

Para cada nova funcionalidade, você precisa:
1. Dizer não.
2. Forçar a funcionalidade a provar seu valor.
3. Se "não" novamente, terminar aqui. Se "sim", continuar...
4. Esboçar a(s) tela(s)/UI.
5. Desenhar a(s) tela(s)/UI.
6. Programá-la.

7 a 15. Testar, ajustar, testar, ajustar, testar, ajustar, testar, ajustar...
16. Verificar se o texto de ajuda precisa ser modificado.
17. Atualizar o tour do produto (se necessário).
18. Atualizar o texto de marketing (se necessário).
19. Atualizar os termos de serviço (se necessário).
20. Verificar se alguma promessa foi quebrada.
21. Verificar se a estrutura de preços é afetada.
22. Lançar.
23. Prender a respiração.

Capítulo 25: Você dá conta?

Construa algo que você possa gerenciar

Se você lançar um programa de afiliados, você tem os sistemas necessários para lidar com a contabilidade e os pagamentos? Talvez você devesse apenas permitir que as pessoas ganhassem créditos em sua assinatura em vez de escrever, assinar e enviar um cheque todo mês.

Você pode se dar ao luxo de oferecer 1 GB de espaço de graça só porque o Google oferece? Talvez você devesse começar pequeno, com 100 MB, ou apenas fornecer espaço em contas pagas.

Em resumo: Construa produtos e ofereça serviços que você possa gerenciar. É fácil fazer promessas. É muito mais difícil cumpri-las. Certifique-se de que o que quer que você esteja fazendo seja algo que você possa realmente sustentar — organizacionalmente, estrategicamente e financeiramente.

Capítulo 26: Soluções Humanas

Construa softwares para conceitos gerais e incentive as pessoas a criarem suas próprias soluções

Não imponha convenções às pessoas. Em vez disso, torne seu software generalista para que todos possam encontrar suas próprias soluções. Dê às pessoas apenas o suficiente para resolverem seus próprios problemas do seu jeito. E depois saia do caminho.

Quando construímos a Ta-da List, omitimos intencionalmente muitas coisas. Não há como atribuir uma tarefa a alguém, não há como marcar uma data de vencimento, não há como categorizar itens, etc.

Mantivemos a ferramenta limpa e descomplicada, permitindo que as pessoas fossem criativas. As pessoas descobriram como resolver problemas por conta própria. Se quisessem adicionar uma data a um item de tarefa, poderiam simplesmente adicionar (vencimento: 7 de abril de 2006) no início do item. Se quisessem adicionar uma categoria, poderiam simplesmente adicionar [Livros] no início do item. Ideal? Não. Infinitamente flexível? Sim.

Se tentássemos construir um software para lidar especificamente com esses cenários, estaríamos tornando-o menos útil para todos os casos em que essas preocupações não se aplicam.

Faça o melhor trabalho possível com a raiz do problema e depois dê um passo para o lado. As pessoas encontrarão suas próprias soluções e convenções dentro do seu framework geral.

Capítulo 27: Esqueça solicitações de funcionalidades

Deixe seus clientes te lembrarem do que é importante

Os clientes querem tudo o que se possa imaginar. Eles vão te soterrar com solicitações de funcionalidades. É só verificar nossos fóruns de produtos; a categoria de solicitações de funcionalidades sempre supera as outras por uma grande margem.

Nós ouvimos muito "aquele pequena funcionalidade extra" ou "isso não pode ser difícil" ou "não seria fácil adicionar isso" ou "deveria levar apenas alguns segundos para implementar" ou "se você adicionasse isso, eu pagaria o dobro" e assim por diante.

Claro que não culpamos as pessoas por fazerem pedidos. Nós encorajamos isso e queremos ouvir o que eles têm a dizer. Quase tudo que adicionamos aos nossos produtos começa como um pedido de cliente. Mas, como mencionamos antes, sua primeira resposta deve ser um "não". Então, o que você faz com todos esses pedidos que chegam? Onde você os armazena? **Como você os gerencia? Você não faz. Apenas leia-os e depois jogue fora.**

Sim, leia-os, jogue fora e esqueça. Pode parecer blasfêmia, mas os que são importantes continuarão surgindo de qualquer forma. Esses são os únicos que você precisa lembrar. Esses são os verdadeiramente essenciais. Não se preocupe em rastrear e salvar cada pedido que chega. Deixe seus clientes serem sua memória. Se realmente vale a pena lembrar, eles vão te lembrar até você não conseguir esquecer.

Como chegamos a essa conclusão? Quando lançamos o Basecamp pela primeira vez, rastreamos cada pedido de recurso importante em uma lista de tarefas do Basecamp. Quando um pedido era repetido por outra pessoa, atualizávamos a lista com uma marcação extra (II ou III ou IIII, etc). Achávamos que um dia revisaríamos essa lista e começaríamos a trabalhar a partir dos recursos mais pedidos para baixo.

Mas a verdade é que nunca olhamos para ela novamente. Já sabíamos o que precisava ser feito a seguir porque nossos clientes constantemente nos lembravam, fazendo os mesmos pedidos repetidamente. Não havia necessidade de uma lista ou muita análise, pois tudo estava acontecendo em tempo real. Você não consegue esquecer o que é importante quando é lembrado disso todos os dias.

E mais uma coisa: Só porque x número de pessoas pede algo, não significa que você tenha que incluí-lo. Às vezes é melhor apenas dizer não e manter sua visão para o produto.

Capítulo 28: Feito especialmente para você

Pergunte às pessoas o que elas não querem

A maioria das pesquisas e perguntas de produto se concentra no que as pessoas querem em um software. "Que funcionalidade você acha que está faltando?" "Se pudesse adicionar apenas uma coisa, o que seria?" "O que tornaria este produto mais útil para você?"

E o outro lado da moeda? Por que não perguntar às pessoas o que elas não querem? "Se pudesse remover uma funcionalidade, qual seria?" "O que você não usa?" "O que mais te atrapalha?"

Mais nem sempre é a resposta. Às vezes, o maior favor que você pode fazer aos clientes é deixar algo de fora.

A inovação vem de dizer Não

> A inovação vem de dizer não para mil coisas para garantir que não entremos no caminho errado ou tentemos fazer demais. Estamos sempre pensando em novos mercados que poderíamos entrar, mas é só dizendo não que você pode se concentrar nas coisas que são realmente importantes.

–Steve Jobs (em "A semente da inovação na Apple")

Processo

Capítulo 29: Corra para ter software funcionando

Coloque algo real em funcionamento o mais rápido possível

Software que funciona é a melhor maneira de construir momentum, unir sua equipe e descartar ideias que não funcionam. Isso deve ser sua prioridade número um desde o início.

É ok fazer menos, pular detalhes e tomar atalhos em seu processo se isso levar a um software em funcionamento mais rápido. Uma vez lá, você será recompensado com uma perspectiva significativamente mais precisa sobre como prosseguir. Histórias, wireframes, até mockups em HTML, são apenas aproximações. Software em funcionamento é real.

Com software real e em funcionamento, todos ficam mais próximos do verdadeiro entendimento e acordo. Você evita discussões acaloradas sobre esboços e parágrafos que acabam por não importar de qualquer forma. Você percebe que partes que você pensava serem triviais são na verdade bastante cruciais.

Coisas reais levam a reações reais. E é assim que você chega à verdade.

Coisas Reais Levam ao Entendimento

Quando um grupo de pessoas diferentes se propõe a tentar descobrir o que é harmonioso... suas opiniões sobre isso tendem a convergir se elas estiverem criando coisas reais em escala completa. Claro, se estiverem fazendo esboços ou jogando ideias, elas não concordarão. Mas, se você começar a fazer a coisa real, tende a se alcançar um entendimento comum.

—Christopher Alexander, Professor de Arquitetura (de "Contrasting Concepts of Harmony in Architecture")

Coloque em Funcionamento o Quanto Antes

Eu não acho que já estive envolvido com um projeto de software — grande ou pequeno — que foi bem-sucedido em termos de cronograma, custo ou funcionalidade que começou com um longo período de planejamento e discussão e sem desenvolvimento concorrente. É simplesmente fácil demais, e às vezes divertido, gastar tempo valioso inventando recursos que acabam sendo desnecessários ou inimplementáveis.

Isso se aplica em todos os níveis de desenvolvimento e "colocar algo real em funcionamento" é um mantra fractal. Não se aplica apenas ao projeto como um todo, é pelo menos igualmente aplicável ao desenvolvimento em menor escala de componentes dos quais o aplicativo é construído.

Quando há uma implementação funcional de um componente chave disponível, os desenvolvedores querem entender como ele vai ou não funcionar com a parte deles no aplicativo e geralmente tentarão usá-lo assim que puderem. Mesmo que a implementação não seja perfeita ou completa no início, essa colaboração precoce geralmente leva a interfaces bem definidas e recursos que fazem exatamente o que precisam.

—Matt Hamer, desenvolvedor e gerente de produto, Kinja

Capítulo 30: De novo e de novo

Trabalhe em iterações

Não espere acertar de primeira. Deixe o aplicativo crescer e falar com você. Permita que ele se transforme e evolua. Com o software baseado na web, não há necessidade de entregar perfeição. Desenhe telas, use-as, analise-as e então comece de novo.

Em vez de contar com acertar tudo de antemão, o processo iterativo permite que você continue a tomar decisões informadas à medida que avança. Além disso, você terá um aplicativo ativo e funcionando mais rápido, já que não está buscando a perfeição logo de cara. O resultado é um feedback real e orientações reais sobre o que requer sua atenção.

Iteração leva à libertação

Você não precisa mirar na perfeição na primeira tentativa se sabe que vai fazer tudo de novo mais tarde mesmo. Saber que você vai revisitar questões é um ótimo motivador para apenas colocar ideias na rua e ver se elas vão decolar.

Talvez você seja mais inteligente do que eu

Talvez você seja MUITO mais inteligente do que eu.

Isso é totalmente possível. Na verdade, é provável. No entanto, se você é como a maioria das pessoas, então, como eu, tem dificuldade em imaginar o que não pode ver, sentir e tocar.

Os seres humanos são extremamente bons em responder ao que acontece ao seu redor. Sabemos como entrar em pânico quando um tigre entra na sala e como limpar tudo depois de uma enchente devastadora. Infelizmente, somos terríveis em planejar com antecedência, em entender as ramificações de nossas ações e em priorizar as coisas que realmente importam.

Talvez você seja uma das poucas pessoas que conseguem manter tudo na cabeça. Não importa realmente.

A Web 2.0, o mundo onde começamos assumindo que todos já usam a web, permite que desenvolvedores inteligentes usem essa fragilidade humana a seu favor. Como? Permitindo que seus usuários lhe digam o que pensam enquanto ainda há tempo para fazer algo a respeito.

E essa última frase explica por que você deve desenvolver dessa maneira e como você pode querer promover/lançar.

Acerte sua história. Certifique-se de que as peças funcionam. Então lance e revise. Ninguém é tão inteligente quanto todos nós.

—Seth Godin, autor/empreendedor

Capítulo 31: De ideia a implementação

Do brainstorm aos esboços, ao HTML e à programação

Aqui está o processo que usamos para Cair na Real:

Brainstorm

Pense em ideias. O que esse produto vai fazer? Para o Basecamp, olhamos para nossas próprias necessidades. Queríamos postar atualizações de projetos. Queríamos que os clientes participassem. Sabíamos que os projetos tinham marcos. Queríamos centralizar arquivos para que as pessoas pudessem revisar facilmente coisas antigas. Queríamos ter uma visão geral, de cima, do que está acontecendo com todos os nossos projetos. Juntas, essas suposições, e algumas outras, serviram como nossa base.

Esta etapa não é sobre detalhes minuciosos. É sobre grandes questões. O que o aplicativo precisa fazer? Como saberemos quando for útil? O que exatamente vamos criar? Isso é sobre ideias de alto nível, não discussões ao nível do pixel. Nesta fase, esse tipo de detalhe simplesmente não é significativo.

Esboços no papel

Esboços são rápidos, sujos e baratos e é exatamente assim que você quer começar. Desenhe coisas. Rabiscos. Caixas, círculos, linhas. Tire suas ideias da cabeça e coloque no papel. O objetivo neste ponto deve ser converter conceitos em designs de interface aproximados. Esta etapa é toda sobre experimentação. Não há respostas erradas.

Telas em HTML

Faça uma versão em HTML daquela funcionalidade (ou seção ou fluxo, se for mais apropriado). Poste algo real para que todos possam ver como fica na tela.

Para o Basecamp, primeiro fizemos a tela de "postar uma mensagem", depois a tela de "editar uma mensagem", e assim por diante.

Não escreva nenhum código de programação ainda. Apenas construa um mock-up em HTML e CSS. A implementação vem depois.

Código

Quando o mock-up estiver bom e demonstrar o suficiente da funcionalidade necessária, vá em frente e insira o código e a programação.

Durante todo esse processo, lembre-se de permanecer flexível e esperar múltiplas iterações. Você deve se sentir livre para descartar o entregável de qualquer etapa específica e começar novamente se ficar ruim. É natural passar por esse ciclo várias vezes.

Capítulo 32: Evite preferências

Decida os pequenos detalhes para que seus clientes não precisem fazer isso

Você está diante de uma decisão difícil: quantas mensagens incluímos em cada página? Sua primeira inclinação pode ser dizer, "Vamos tornar isso uma preferência onde as pessoas podem escolher entre 25, 50 ou 100." Mas essa é a saída fácil. Apenas tome uma decisão.

Preferências são uma maneira de evitar decisões difíceis

Em vez de usar sua expertise para escolher o melhor caminho, você está deixando nas mãos dos clientes. Pode parecer que você está fazendo um favor a eles, mas você só está criando trabalho extra para eles (e é provável que eles já estejam ocupados o suficiente). Para os clientes, telas de preferência com uma quantidade infinita de opções são uma dor de cabeça, não uma bênção. Os clientes não deveriam ter que pensar em cada detalhe minucioso — não coloque esse fardo sobre eles quando deveria ser sua responsabilidade.

Preferências também são ruins porque criam mais software. Mais opções requerem mais código. E há todo o teste extra e design que você precisa fazer também. Você também acabará com permutações de preferências e telas de interface que você nunca nem vê. Isso significa bugs que você não conhece: layouts quebrados, tabelas danificadas, problemas estranhos de paginação, etc.

Tome a decisão

Tome decisões simples em nome de seus clientes. Foi o que fizemos no Basecamp. O número de mensagens por página é 25.

Na página de visão geral, os últimos 25 itens são mostrados. As mensagens são organizadas em ordem cronológica inversa. Os cinco projetos mais recentes são mostrados no painel de controle. Não há opções. É assim que é.

Sim, você pode tomar uma decisão errada. Mas e daí. Se isso acontecer, as pessoas vão reclamar e te contar sobre isso. Como sempre, você pode ajustar. *Cair na Real* é tudo sobre ser capaz de mudar em movimento.

Preferências Têm um Custo

Acontece que preferências têm um custo. Claro, algumas preferências também têm benefícios importantes — e podem ser recursos de interface cruciais. Mas cada uma tem um preço, e você tem que considerar cuidadosamente seu valor. Muitos usuários e desenvolvedores não entendem isso, e acabam com muito custo e pouco valor para o seu *dólar de preferências*... Eu descobri que se você é rigorosamente disciplinado sobre ter bons padrões que Simplesmente Funcionam em vez de adicionar preferências por preguiça, isso naturalmente leva a interface do usuário na direção certa.

—Havoc Pennington, líder técnico, Red Hat (de "Free software and good user interfaces")

Capítulo 33: "Feito!"

Decisões são temporárias, então tome a decisão e siga em frente

Feito. Comece a pensar nisso como uma palavra mágica. Quando você chega a "feito", significa que algo foi realizado. Uma decisão foi tomada e você pode seguir em frente. Feito significa que você está construindo momentum.

Mas e se você errar e tomar a decisão errada? Tudo bem. Isso não é uma cirurgia cerebral, é um aplicativo web. Como estamos sempre dizendo, provavelmente você terá que revisitar recursos e ideias várias vezes durante o processo de qualquer maneira. Não importa o quanto você planeje, é provável que você erre pela metade de qualquer forma. Então, não caia na armadilha da "paralisia pela análise". Isso só atrasa o progresso e enfraquece a moral.

Em vez disso, valorize a importância de seguir em frente e avançar. Entre no ritmo de tomar decisões. Faça uma escolha rápida e simples e depois volte e mude essa decisão se não der certo.

Aceite que as decisões são temporárias. Aceite que os erros acontecerão e perceba que não é grande coisa, desde que você possa corrigi-los rapidamente. Execute, construa momentum e siga em frente.

Seja um executor

"É engraçado quando ouço as pessoas sendo tão protetoras em relação às ideias. (Pessoas que querem que eu assine um NDA para me contar a ideia mais simples.)

Para mim, as ideias não valem nada a menos que sejam executadas. Elas são apenas um multiplicador. A execução vale milhões.

Explicação:

- Ideia terrível = -1
- Ideia fraca = 1
- Ideia mais ou menos = 5
- Boa ideia = 10
- Ótima ideia = 15
- Ideia brilhante = 20
- Nenhuma execução = $1
- Execução fraca = $1000
- Execução mais ou menos = $10,000
- Boa execução = $100,000
- Ótima execução = $1,000,000
- Execução brilhante = $10,000,000

Para criar um negócio, você precisa multiplicar os dois.

A ideia mais brilhante, sem execução, vale $20. A ideia mais brilhante requer uma ótima execução para valer $20,000,000.

É por isso que não quero ouvir as ideias das pessoas. Não tenho interesse até ver a execução delas.

— Derek Sivers, presidente e programador, CD Baby e HostBaby

Capítulo 34: Teste no mundo real

Teste seu aplicativo através do uso no mundo real

Não há substituto para pessoas reais usando seu aplicativo de maneiras reais. Obtenha dados reais. Receba feedback real. Depois, melhore com base nessas informações.

Testes de usabilidade formais são muito rígidos. Ambientes de laboratório não refletem a realidade. Se você ficar observando por cima do ombro de alguém, você terá alguma ideia do que está funcionando ou não, mas as pessoas geralmente não se saem bem na frente de uma câmera. Quando alguém está assistindo, as pessoas são especialmente cuidadosas para não cometer erros — no entanto, erros são exatamente o que você está procurando.

Em vez disso, lance recursos beta para alguns selecionados dentro do próprio aplicativo real. Faça com que eles usem os recursos beta ao lado dos recursos lançados. Isso exporá esses recursos aos dados reais das pessoas e ao fluxo de trabalho real. E é aí que você obterá resultados reais.

Além disso, não tenha uma versão de lançamento e uma versão beta. Elas devem ser sempre a mesma coisa. Uma versão beta separada só terá uma resposta superficial. A versão real, com alguns recursos beta adicionados, terá um teste completo.

O Livro Beta

Se os desenvolvedores ficam nervosos ao lançar código, então editores e autores ficam aterrorizados ao lançar livros. Uma vez que um livro é comprometido com o papel, é visto como um grande problema mudá-lo. (Realmente não é, mas a percepção e as memórias de problemas com tecnologias antigas ainda persistem na indústria.) Assim, os editores têm muito trabalho (e despesa) para tentar fazer os livros "certos" antes de serem lançados.

Quando escrevi o livro Agile Web Development With Rails, havia uma grande demanda reprimida entre os desenvolvedores: dê-nos o livro agora — queremos aprender sobre Rails. Mas eu caí na mentalidade de um editor. "Ainda não está pronto", eu diria. Mas a pressão da comunidade e alguns incentivos de David Heinemeier Hansson mudaram minha mente. Lançamos o livro em formato PDF cerca de 2 meses antes de estar completo. Os resultados foram espetaculares. Não apenas vendemos muitos livros, mas também recebemos feedback — muito feedback. Configurei um sistema automatizado para capturar os comentários dos leitores e, no final, recebi quase 850 relatórios de erros de digitação, erros técnicos e sugestões para novo conteúdo. Quase todos foram incorporados ao livro final.

Foi uma situação ganha-ganha: consegui entregar um livro em papel muito melhorado, e a comunidade teve acesso antecipado a algo que queria. E se você está em uma corrida competitiva, lançar algo mais cedo ajuda as pessoas a se comprometerem com você e não com a concorrência.

—Dave Thomas, **The Pragmatic Programmers**

Faça rápido

1. Decida se vale a pena fazer e, se valer:
2. Faça rápido — não perfeito. Apenas faça.
3. Salve. Suba. Publique.
4. Veja o que as pessoas pensam.

Embora eu sempre relute em adicionar novos recursos às coisas, uma vez que tenho aquele momento de "sim!" decidindo que algo vale a pena fazer, geralmente está no site algumas horas depois, imperfeito mas lançado, deixando o feedback guiar o refinamento futuro dele.

—Derek Sivers, presidente e programador, CD Baby e HostBaby

Capítulo 35: Diminua seu tempo

Desmembre

Estimativas que se estendem por semanas ou meses são fantasias. A verdade é que você simplesmente não sabe o que vai acontecer tão longe no futuro.

Então, reduza seu tempo. Continue desmembrando prazos em pedaços menores. Em vez de um projeto de 12 semanas, pense nele como 12 projetos de uma semana. Em vez de estimar tarefas que levam mais de 30 horas, divida-as em blocos mais realistas de 6 a 10 horas. Depois, prossiga um passo de cada vez.

A mesma teoria se aplica a outros problemas também. Você está enfrentando um problema que é grande demais para compreender? Desmembre. Continue dividindo os problemas em peças cada vez menores até que você consiga digeri-los.

Tarefas Menores e Prazos Menores

Desenvolvedores de software são um tipo especial de otimista: quando apresentados a uma tarefa de programação, eles pensam, "Isso vai ser fácil! Não vai levar muito tempo."

Então, dê a um programador três semanas para completar uma grande tarefa, e ele passará duas e meia procrastinando, e então uma programando. O resultado fora do prazo provavelmente atenderá aos requisitos errados, porque a tarefa se revelou mais complexa do que parecia. Além disso, quem consegue lembrar o que a equipe concordou há três semanas?

Dê a um programador uma tarde para codificar um módulo pequeno e específico e ele o executará, pronto para passar para o próximo.

Tarefas menores e prazos menores são mais gerenciáveis,

escondem menos possíveis mal-entendidos de requisitos, e custam menos para mudar de ideia ou refazer. Prazos menores mantêm os desenvolvedores engajados e dão mais oportunidades para eles desfrutarem de um senso de realização e menos razões para pensar, "Ah, eu tenho tempo de sobra para fazer isso. Por agora, deixe-me terminar de classificar as músicas na minha biblioteca do iTunes."

—Gina Trapani, desenvolvedora web e editora do Lifehacker, o guia de produtividade e software

Fatores Verdadeiros

Na próxima vez que alguém tentar te pressionar por uma resposta exata para uma pergunta impossível de saber — seja para uma data de prazo, um custo final do projeto ou o volume de leite que caberia no Grand Canyon — comece tirando o ar da sala: diga "Eu não sei."

Longe de prejudicar sua credibilidade, isso demonstra o cuidado que você traz para sua tomada de decisão. Você não vai apenas dizer palavras para parecer inteligente. Isso também iguala o jogo ao reformular a questão como uma conversa colaborativa. Ao aprender o quão exata sua estimativa precisa ser (e por quê), vocês podem trabalhar juntos para desenvolver um entendimento compartilhado sobre os verdadeiros fatores por trás dos números.

—Merlin Mann, criador e editor do 43folders.com

Resolva O Problema Que Está Bem Na Sua Frente

Minha coisa favorita que aconteceu na web em tempos recentes é o lançamento e adoção do atributo "nofollow". Ninguém falou sobre isso antes. Não houve conferências ou comitês onde um bando de palermas poderia debater sua natureza semântica ou gramatical. Nenhum rfc que poderia transformar uma ideia simples em um trecho de xml de 20 linhas que eu teria que ler apenas para descobrir como usar, e depois não usar porque não tinha certeza se estava formatando para a versão .3 ou 3.3b.

É simples, é eficaz, ofereceu uma opção para pessoas que queriam uma opção — e isso é muito mais importante quando se lida com uma população da web que não se importa com especificações ou deferências.

Às vezes, resolver os próximos vinte problemas não é tão útil ou prudente quanto resolver o que está bem diante de nós. Não foi apenas uma pequena vitória contra o spam (todas as vitórias contra o spam são pequenas), mas uma vitória para aqueles de nós que gostam dos resultados simples e rápidos que ser um desenvolvedor web é sobre.

—Andre Torrez, programador e VP de Engenharia na Federated Media Publishing

A organização

Capítulo 36: União

Não se divida em silos

Muitas empresas separam design, desenvolvimento, copywriting, suporte e marketing em diferentes silos. Embora a especialização tenha suas vantagens, ela também cria uma situação em que os funcionários veem apenas o seu próprio mundinho em vez do contexto inteiro do aplicativo web.

Sempre que possível, integre sua equipe para que haja um diálogo constante de ida e volta durante o processo. Estabeleça um sistema de checagens e equilíbrios. Não deixe que as coisas se percam no caminho. Faça com que os copywriters trabalhem com os designers. Certifique-se de que as consultas de suporte sejam vistas pelos desenvolvedores.

Melhor ainda, contrate pessoas com múltiplos talentos que possam desempenhar diferentes funções durante o desenvolvimento. O resultado final será um produto mais harmonioso.

Capítulo 37: Tempo sozinho

As pessoas precisam de tempo ininterrupto para realizar suas tarefas

O Basecamp está espalhado por quatro cidades e oito fusos horários. De Provo, Utah, a Copenhague, Dinamarca, os cinco de nós têm uma diferença de oito horas. Um efeito colateral positivo dessa diferença de oito horas é o tempo sozinho.

Há apenas cerca de 4-5 horas durante o dia em que todos estamos acordados e trabalhando juntos. Em outros momentos, a equipe dos Estados Unidos está dormindo enquanto David, que está na Dinamarca, está trabalhando. O resto do tempo, estamos trabalhando enquanto David está dormindo. Isso nos dá cerca de metade do dia juntos e a outra metade sozinhos.

Adivinhe em qual parte do dia realizamos a maioria do trabalho? Na parte em que estamos sozinhos. Isso não é realmente surpreendente. Muitas pessoas preferem trabalhar de manhã cedo ou tarde da noite - momentos em que não são incomodadas.

Quando você tem um longo período em que não é incomodado, você pode entrar na "zona". A zona é quando você é mais produtivo. É quando você não precisa alternar entre várias tarefas. É quando você não é interrompido para responder a uma pergunta, procurar algo ou enviar um e-mail ou responder a uma mensagem instantânea. A zona sozinha é onde o progresso real é feito.

Entrar na zona leva tempo. E é por isso que a interrupção é sua inimiga. É como o sono REM - você não vai direto para o sono REM, você primeiro adormece e depois chega lá. Qualquer interrupção força você a começar de novo. O sono REM é onde a verdadeira mágica do sono acontece. A zona do tempo sozinho é onde a verdadeira mágica do desenvolvimento acontece.

Estabeleça uma regra no trabalho: faça metade do dia ser um tempo sozinho. Das 10h às 14h, ninguém pode conversar entre si (exceto durante o almoço). Ou faça a primeira metade ou a última metade do dia ser o período de tempo sozinho. Apenas certifique-se de que este período seja contínuo para evitar interrupções que matam a produtividade.

Um período bem-sucedido de tempo sozinho significa abrir mão da dependência da comunicação. Durante o tempo sozinho, abandone mensagens instantâneas, ligações telefônicas e reuniões. Evite qualquer conversa por e-mail que exija uma resposta imediata. Apenas cale a boca e vá trabalhar.

Entre na Sintonia

Todos sabemos que os trabalhadores do conhecimento trabalham melhor entrando no "fluxo", também conhecido como estar "na zona", onde estão totalmente concentrados em seu trabalho e sintonizados com o ambiente. Eles perdem a noção do tempo e produzem coisas incríveis através da concentração total... o problema é que é tão fácil sair da zona. Barulho, ligações telefônicas, sair para almoçar, ter que dirigir 5 minutos até o Starbucks para pegar um café e interrupções de colegas - especialmente interrupções de colegas - tiram você da zona. Se você sofre uma interrupção de 1 minuto de um colega fazendo uma pergunta, e isso tira sua concentração a ponto de levar meia hora para ficar produtivo novamente, sua produtividade geral está em sérios apuros.

— Joel Spolsky, desenvolvedor de software e co-founder do Stack Overflow, **Fog Creek Software** (em **Where do These People Get Their (Unoriginal) Ideas?**)

Capítulo 38: Reuniões são tóxicas

Não tenha reuniões

Você realmente precisa de uma reunião? Reuniões geralmente surgem quando um conceito não está claro o suficiente. Em vez de recorrer a uma reunião, tente simplificar o conceito para que você possa discutí-lo rapidamente via e-mail ou mensagem instantânea. O objetivo é evitar reuniões. Cada minuto que você evita gastar em uma reunião é um minuto que você pode realmente trabalhar.

Não há nada mais tóxico para a produtividade do que uma reunião. Aqui estão algumas razões:

- Elas quebram seu dia de trabalho em pequenos pedaços incoerentes que interrompem seu fluxo de trabalho natural
- Geralmente são sobre palavras e conceitos abstratos, não coisas reais (como um pedaço de código ou algum design de interface)
- Costumam transmitir uma quantidade abismalmente pequena de informação por minuto
- Frequentemente contêm pelo menos um idiota que inevitavelmente tem sua vez de desperdiçar o tempo de todos com bobagens
- Desviam do assunto mais facilmente que um taxista carioca querendo enganar turistas
- Frequentemente têm agendas tão vagas que ninguém tem certeza do que se trata
- Exigem uma preparação minuciosa que as pessoas raramente fazem

Para aqueles momentos em que você absolutamente precisa ter uma reunião (isso deve ser um evento raro), siga estas regras simples:

- Defina um cronômetro de 30 minutos. Quando tocar, a reunião acabou. Ponto final.
- Convide o mínimo de pessoas possível.
- Nunca tenha uma reunião sem uma pauta clara.

Tenha menos reuniões

Há reuniões demais. Resista a reuniões que não fazem sentido ou são improdutivas. Marque uma reunião apenas quando você tiver um problema de negócios importante para discutir e quiser ou precisar de entrada, aprovação ou acordo. Mesmo assim, resista à tentação de convidar todo mundo e seu irmão — não desperdice o tempo das pessoas desnecessariamente.

—Lisa Haneberg, autora (de Don't Let Meetings Rule!)

Quebre em partes menores

À medida que os projetos crescem, adicionar pessoas tem um retorno decrescente. Uma das razões mais interessantes é o aumento do número de canais de comunicação. Duas pessoas só podem falar entre si; há apenas um caminho de comunicação. Três trabalhadores têm três caminhos de comunicação; 4 têm 6. Na verdade, o crescimento dos links é exponencial... Em pouco tempo, memorandos e reuniões consomem o dia de trabalho inteiro.

A solução é clara: divida as equipes em unidades menores, autônomas e independentes para reduzir esses links de comunicação.

Da mesma forma, corte programas em unidades menores. Uma vez que grande parte do problema vem de dependências (variáveis globais, dados passados entre funções, hardware compartilhado, etc.), encontre uma maneira de particionar o programa para eliminar — ou minimizar — as dependências entre unidades.

—The Ganssle Group (de Keep It Small)

Capítulo 39: Busque e celebre pequenas vitórias

Lance algo hoje

A coisa mais importante no desenvolvimento de software é a motivação. A motivação é local — se você não está motivado pelo que está trabalhando agora, então provavelmente não será tão bom quanto deveria ser. Na verdade, provavelmente vai ser ruim.

Ciclos de lançamento longos e arrastados são assassinos de motivação. Eles inserem muito tempo entre as celebrações. Por outro lado, vitórias rápidas que você pode celebrar são ótimos motivadores. Se você deixar ciclos de lançamento longos esmagar vitórias rápidas, você mata a motivação. E isso pode matar seu produto.

Então, se você está no meio de um ciclo de lançamento de vários meses, dedique um dia por semana (ou a cada duas semanas) para algumas pequenas vitórias. Pergunte-se "O que podemos fazer e lançar em 4 horas?" E então faça isso. Pode ser...

- Uma nova funcionalidade simples
- Um pequeno aprimoramento em uma funcionalidade existente
- Reescrever algum texto de ajuda para reduzir o ônus do suporte
- Remover alguns campos de formulário que você realmente não precisa

Quando você encontrar essas vitórias rápidas de 4 horas, você encontrará celebração. Isso constrói a moral, aumenta a motivação e reafirma que a equipe está indo na direção certa.

Equipe

Capítulo 40: Contrate menos e contrate depois

Adicione devagar para acelerar

Não há necessidade de crescer rapidamente — nem agora, nem depois. Mesmo que você tenha acesso a 100 das melhores pessoas, ainda é uma má ideia tentar contratá-las todas de uma vez. Não há como você assimilar imediatamente tantas pessoas em uma cultura coesa. Você terá dores de cabeça com treinamento, choques de personalidade, lapsos de comunicação, pessoas indo em direções diferentes e mais.

Então, não contrate. Sério. Não contrate pessoas. Procure outra maneira. O trabalho que está te sobrecarregando é realmente necessário? E se você simplesmente não o fizer? Você pode resolver o problema com um pedaço de software ou uma mudança de prática, em vez disso?

Sempre que Jack Welch, ex-CEO da GE, demitia alguém, ele não contratava imediatamente um substituto. Ele queria ver quanto tempo poderia se virar sem aquela pessoa e aquela posição. Certamente não estamos defendendo demitir pessoas para testar essa teoria, mas achamos que Jack está certo em algo: Você não precisa de tantas pessoas quanto pensa.

Se não houver outra maneira, então considere uma contratação. Mas você deve saber exatamente quem contratar, como introduzi-los ao trabalho e a dor exata que você espera que eles aliviem.

Lei de Brooks

Adicionar pessoas a um projeto de software atrasado faz com que ele atrase ainda mais.

—Fred Brooks

Programação e o Requiem de Mozart

Um único bom programador trabalhando em uma única tarefa não tem sobrecarga de coordenação ou comunicação. Cinco programadores trabalhando na mesma tarefa precisam se coordenar e comunicar. Isso leva muito tempo... O verdadeiro problema em usar muitos programadores medíocres em vez de um par de bons é que, não importa quanto tempo trabalhem, eles nunca produzem algo tão bom quanto o que os grandes programadores podem produzir. Cinco Antonio Salieris não produzirão o Requiem de Mozart. Nunca. Não importa se trabalharem por 100 anos.

—Joel Spolsky, desenvolvedor de software, Fog Creek Software (de "Hitting the High Notes")

Capítulo 41: Test drive

Trabalhe com potenciais funcionários em um formato de testes primeiro

É uma coisa olhar um portfólio, currículo, exemplo de código ou trabalho anterior. É outra coisa trabalhar realmente com alguém. Sempre que possível, leve os potenciais novos membros da equipe para um "test drive".

Antes de contratarmos alguém, damos a eles um pequeno projeto para experimentar primeiro. Vemos como eles lidam com o projeto, como se comunicam, como trabalham, etc. Trabalhar com alguém enquanto eles projetam ou codificam algumas telas vai te dar uma tonelada de insights. Você aprenderá bem rápido se a vibe certa está lá ou não.

Agendar isso pode ser difícil, mas mesmo que seja por apenas 20 ou 40 horas, é melhor do que nada. Se é um bom ou mau fit, será óbvio. E se não, ambos os lados se poupam de muito problema e risco ao testar a situação primeiro.

Comece pequeno

> Tente uma pequena tarefa de teste para começar. Não mergulhe com todo o seu trabalho de uma vez. Dê ao seu novo [assistente virtual] um projeto de teste ou dois para trabalhar e veja como a química se desenvolve. No início, é fácil demais ignorar problemas potenciais com óculos cor-de-rosa. Deixe claro que isso é um teste.

—Suzanne Falter-Barns, autora/experta em criatividade (de "Como Encontrar e Manter o AV Perfeito")

Capítulo 42: Ações, não palavras

Avalie potenciais contratações técnicas com base em contribuições para o open source

O método típico de contratação para posições técnicas — baseado em diplomas, currículos, etc. — é questionável em muitos aspectos. Realmente importa de onde é o diploma de alguém ou seu CR? Você pode realmente confiar em um currículo ou em uma referência?

Open source é um presente para aqueles que precisam contratar pessoas técnicas. Com open source, você pode rastrear o trabalho e as contribuições de alguém — boas e ruins — por um longo período de tempo.

Isso significa que você pode julgar as pessoas por suas ações em vez de apenas suas palavras. Você pode tomar uma decisão baseada nas coisas que realmente importam:

- Qualidade do trabalho

Muitos programadores podem falar bem, mas tropeçam na hora de mostrar serviço. Com open source, você obtém os detalhes específicos das habilidades e práticas de programação de uma pessoa.

- Perspectiva cultural

Programar é sobre decisões. Muitas e muitas delas. As decisões são guiadas pelo seu ponto de vista cultural, valores e ideais. Olhe para as decisões específicas tomadas por um candidato em codificação, testes e discussões na comunidade para ver se você tem um fit cultural. Se não houver encaixe aqui, cada decisão será uma luta.

- Nível de paixão

Por definição, o envolvimento em open source requer pelo menos alguma paixão. Caso contrário, por que essa pessoa gastaria tempo livre na frente de uma tela? A quantidade de envolvimento em open source muitas vezes mostra o quanto um candidato realmente se importa com programação.

- Porcentagem de conclusão

Todo o conhecimento, inclinações culturais corretas e paixão não valem para software valioso se a pessoa não conseguir concluir as coisas. Infelizmente, muitos programadores não conseguem. Então, procure por esse zelo em entregar. Contrate alguém que precisa finalizar o trabalho e está disposto a fazer os sacrifícios pragmáticos que isso pode exigir.

- Compatibilidade social

Trabalhar com alguém por um longo período de tempo, durante estresse/relaxamento e altos/baixos, mostrará a verdadeira personalidade deles. Se alguém falta com modos ou habilidades sociais, filtre-os.

Quando se trata de programadores, só contratamos pessoas que conhecemos através do open source. Pensamos que fazer de outra forma é irresponsável. Contratamos o Jamis porque seguimos seus lançamentos e participação na comunidade Ruby. Ele se destacou em todas as áreas mencionadas acima. Não foi necessário confiar em fatores secundários, pois podíamos julgá-lo com base no que realmente importa: a qualidade de seu trabalho.

E não se preocupe que atividades extracurriculares tirem o foco e a paixão do trabalho diário de um funcionário. É como diz o velho clichê: Se você quer algo feito, peça à pessoa mais ocupada que você conhece. Jamis e David são dois dos maiores contribuidores para o Rails e ainda conseguem liderar tecnicamente o Basecamp. Pessoas que amam programar e realizar tarefas são exatamente o tipo de pessoas que você quer na sua equipe.

Paixão Open Source

> O que você mais quer de uma nova contratação é paixão pelo que faz, e não há melhor maneira de mostrar isso do que um rastro de comprometimento em projetos de open source.

—Jarkko Laine, desenvolvedor de software (de "Reduza o risco, contrate do open source")

Capítulo 43: Busque pessoas equilibradas

Prefira generalistas que aprendizado rápido em vez de especialistas enraizados

Nós nunca contrataremos alguém que seja um arquiteto de informação. É simplesmente muito específico. Com uma equipe pequena como a nossa, não faz sentido contratar pessoas com um conjunto de habilidades tão limitado.

Equipes pequenas precisam de pessoas que possam usar diferentes chapéus. Você precisa de designers que possam escrever. Você precisa de programadores que entendam de design. Todos deveriam ter uma ideia sobre como arquitetar informações (o que quer que isso signifique). Todos precisam ter uma mente organizada. Todos precisam ser capazes de se comunicar com os clientes.

E todos precisam estar dispostos e aptos a mudar de direção no futuro. Lembre-se de que equipes pequenas frequentemente precisam mudar de direção e fazer isso rapidamente. Você quer alguém que possa se ajustar, aprender e fluir ao invés de alguém que só sabe fazer uma coisa e não se adapta.

Capítulo 44: Não se finge empolgação

Prefira feliz e competente do que frustrado e excelente

Entusiasmo. É uma característica que simplesmente não pode ser fingida. Quando chegar a hora de contratar, não pense que você precisa de um guru ou de uma celebridade da tecnologia. Provavelmente eles já foram mimados demais de qualquer forma. Um funcionário feliz, ainda que mediano, é melhor do que um especialista descontente.

Encontre alguém entusiasmado. Alguém em quem você possa confiar para fazer as coisas quando deixado sozinho. Alguém que tenha sofrido em uma empresa maior e mais lenta e anseie por um novo ambiente. Alguém que esteja empolgado para construir o que você está construindo. Alguém que odeie as mesmas coisas que você odeia. Alguém que esteja animado para embarcar no seu projeto.

Pontos extras por fazer perguntas

Observe se um candidato em potencial faz muitas perguntas sobre o seu projeto. Programadores apaixonados desejam entender um problema o melhor possível e rapidamente querem propor soluções e melhorias potenciais, o que gera muitas perguntas. Perguntas de esclarecimento também revelam uma compreensão de que o seu projeto pode ser implementado de mil maneiras diferentes e é essencial detalhar o máximo possível como você imagina o funcionamento do seu aplicativo web. À medida que você aprofunda nos detalhes, você desenvolverá um senso de se a pessoa é uma boa combinação cultural.

— Eric Stephens, BuildV1.com

Capítulo 45: Letristas

Contrate bons escritores

Se você está tentando decidir entre algumas pessoas para preencher uma posição, sempre contrate o melhor escritor. Não importa se essa pessoa é um designer, programador, profissional de marketing, vendedor ou qualquer coisa, as habilidades de escrita vão valer a pena. Escrita e edição eficazes e concisas levam a código, design, e-mails, mensagens instantâneas e todo o resto mais eficazes e concisos.

Isso porque ser um bom escritor é mais do que palavras. Bons escritores sabem como se comunicar. Eles tornam as coisas fáceis de entender. Eles conseguem se colocar no lugar de outra pessoa. Eles sabem o que omitir. Eles pensam claramente. E essas são as qualidades que você precisa.

Uma Mente Organizada

> Boas habilidades de escrita são indicadoras de uma mente organizada que é capaz de arranjar informações e argumentos de forma sistemática e também ajudar (não fazer) outras pessoas a entenderem as coisas. Isso transborda para o código, comunicações pessoais, mensagens instantâneas (para aquelas colaborações à distância) e até conceitos esotéricos como profissionalismo e confiabilidade.

—Dustin J. Mitchell, desenvolvedor (de Signal vs. Noise)

Escrita Clara Leva a Pensamento Claro

> Escrita clara leva a pensamento claro. Você não sabe o que sabe até tentar expressá-lo. Boa escrita é em parte uma questão de caráter. Em vez de fazer o que é fácil para você, faça o que é fácil para o seu leitor.

—Michael A. Covington, Professor de Ciência da Computação na Universidade da Geórgia (de "Como Escrever Mais Claramente, Pensar Mais Claramente e Aprender Material Complexo Mais Facilmente")

Design de interface

Capítulo 46: Interface primeiro

Desenhe a interface antes de começar a programar

Muitos aplicativos começam com uma mentalidade de programar primeiro. Isso é não é uma boa ideia. Programar é o componente mais pesado na construção de um app, o que significa que é o mais caro e o mais difícil de mudar. Em vez disso, comece pelo design.

O design é relativamente leve. Um esboço no papel é barato e fácil de mudar. Os designs em HTML ainda são simples de modificar (ou descartar). Isso não é verdade na programação. Começar pelo design mantém você flexível. Programar primeiro te limita e prepara o terreno para custos adicionais.

Outro motivo para começar pelo design é que a interface é o seu produto. O que as pessoas veem é o que você está vendendo. Se você simplesmente colocar uma interface no final, as lacunas vão aparecer.

Nós começamos com a interface para podermos ver qual é a cara do app e como seria usá-lo desde o início. Ela está constantemente sendo revisada ao longo do processo. Faz sentido? É fácil de usar? Resolve o problema em questão? Essas são perguntas que você só pode responder de verdade quando está lidando com telas reais. Começar pelo design te mantém flexível e te leva a essas respostas bem mais cedo no processo.

A Caneta Laranja Que Deu Início ao Blinksale

Assim que percebi minha frustração com o software de faturamento pronto para uso, decidi desenhar como eu preferiria que minha solução de faturamento funcionasse.

Peguei uma caneta laranja, porque era a única coisa que tinha à mão naquela noite, e em poucas horas já tinha desenhado cerca de 75% da UI. Mostrei para minha esposa, Rachel, que estava passando roupa naquele momento, e perguntei: "O que você acha?" E ela respondeu com um sorriso: "Você precisa fazer isso. De verdade."

Nas duas semanas seguintes, refinei os designs e criei páginas HTML estáticas completamente mockadas para quase toda a primeira versão do que viria a ser o Blinksale. Nunca fizemos nenhum wireframe além daqueles esboços com a caneta laranja, e entrar diretamente no design em HTML nos ajudou a manter a empolgação sobre o quão "real" o projeto estava se tornando, mesmo que naquele momento realmente não soubéssemos no que estávamos nos metendo.

Uma vez que os mockups em HTML estavam completos, abordamos nosso desenvolvedor, Scott, com a ideia para o Blinksale. Ter a maior parte da UI desenhada antecipadamente foi extremamente benéfico em vários níveis. Primeiro, deu ao Scott uma visão real e empolgação para onde estávamos indo. Era muito mais do que apenas uma ideia, era real. Segundo, nos ajudou a avaliar precisamente quanto esforço e tempo do Scott seria necessário para transformar o design em uma aplicação funcional. Quando você está financiando um projeto com recursos próprios, quanto mais cedo puder prever os requisitos de orçamento, melhor. O design da UI se tornou nossa referência para o escopo inicial do projeto. Finalmente, o design da UI serviu como um guia para nos lembrar sobre o que a aplicação era à medida que avançávamos no desenvolvimento. À medida que éramos tentados a adicionar novos recursos, não podíamos simplesmente dizer: "Claro, vamos adicionar isso!" Tínhamos que voltar ao design e nos perguntar onde esse novo recurso iria entrar, e se não houvesse um lugar, ele não seria adicionado.

—Josh Williams, fundador, **Blinksale**

Capítulo 47: Design pelo epicentro

Comece pelo centro da página e construa de dentro para fora

O design pelo epicentro foca na verdadeira essência da página — o epicentro — e depois constrói de dentro para fora. Isso significa que, no início, você ignora as extremidades: a navegação/abas, rodapé, cores, barra lateral, logo, etc. Em vez disso, você começa pelo epicentro e desenha a peça mais importante do conteúdo primeiro.

O que a página absolutamente não pode viver sem é o epicentro. Por exemplo, se você está projetando uma página que exibe uma postagem de blog, a própria postagem do blog é o epicentro. Não as categorias na barra lateral, não o cabeçalho no topo, não o formulário de comentários no fundo, mas a unidade real da postagem do blog. Sem a unidade da postagem do blog, a página não é uma postagem de blog.

Só quando essa unidade estiver completa é que você começaria a pensar no segundo elemento mais crítico na página. Depois do segundo elemento mais crítico, você passaria para o terceiro, e assim por diante. Esse é o design pelo epicentro.

O design pelo epicentro rejeita o modelo tradicional de "construir a estrutura e depois inserir o conteúdo". Nesse processo, a forma da página é construída, depois a navegação é incluída, depois o material de marketing é inserido e, então, finalmente, a funcionalidade central, o propósito real da página, é despejado no espaço que sobra. É um processo ao contrário que pega o que deveria ser a prioridade máxima e deixa para o final.

O design pelo epicentro inverte esse processo e permite que você se concentre no que realmente importa desde o primeiro dia. O essencial primeiro, os extras depois. O resultado é uma tela mais amigável, focada e utilizável para os clientes. Além disso, permite que você inicie o diálogo entre designer e desenvolvedor imediatamente, em vez de esperar que todos os aspectos da página se alinhem primeiro.

Capítulo 48: Soluções em três estados

Desenhe para estados regulares, em branco e de erro

Para cada tela, você precisa considerar três possíveis estados:

- Regular

A tela que as pessoas veem quando tudo está funcionando bem e seu aplicativo está cheio de dados.

- Em Branco

A tela que as pessoas veem quando usam o aplicativo pela primeira vez, antes que os dados sejam inseridos.

- Erro

A tela que as pessoas veem quando algo dá errado.

O estado regular é óbvio. Esta é a tela onde você passará a maior parte do seu tempo. Mas não se esqueça de investir tempo nos outros estados também.

Capítulo 49: A folha em branco

Estabeleça expectativas com uma experiência bem pensada

Ignorar o estágio de tela em branco (blank state) é um dos maiores erros que você pode cometer. A tela em branco é a primeira impressão do seu aplicativo e você nunca tem uma segunda... bem, você sabe.

O problema é que, ao desenhar uma UI, geralmente ela está cheia de dados. Os designers sempre preenchem templates com dados. Cada lista, cada postagem, cada campo, cada cantinho tem algo nele. E isso significa que a tela parece e funciona muito bem.

No entanto, o estado natural do aplicativo é um que está desprovido de dados. Quando alguém se inscreve, começa com uma folha em branco. Muito como um weblog, cabe a eles populá-lo — a aparência geral e a sensação não tomam forma até que as pessoas insiram seus dados: postagens, links, comentários, horas, informações da barra lateral ou o que for.

Infelizmente, o cliente decide se um aplicativo vale a pena nesse estágio de tela em branco — o estágio quando há a menor quantidade de informações, design e conteúdo sobre o qual julgar a utilidade geral do aplicativo. Quando você falha em desenhar uma tela em branco adequada, as pessoas não sabem o que estão perdendo porque tudo está faltando.

Ainda assim, a maioria dos designers e desenvolvedores ainda toma esse estágio como garantido. Eles falham em gastar tempo projetando para a tela em branco porque quando eles desenvolvem/usam o aplicativo, está cheio de dados que eles inseriram para fins de teste. Eles nem mesmo encontram a tela em branco. Claro, eles podem se logar como uma nova pessoa algumas vezes, mas a maior parte do tempo é gasta mergulhando em um aplicativo que está cheio de dados.

O que você deve incluir em uma tela em branco útil?

Use-a como uma oportunidade para inserir tutoriais rápidos e notas de ajuda.

Dê uma captura de tela de amostra da página populada com dados para que as pessoas saibam o que esperar (e por que elas deveriam permanecer).

Explique como começar, como a tela eventualmente se parecerá, etc.
Responda às principais perguntas que os espectadores de primeira viagem farão: O que é esta página? O que eu faço agora? Como esta tela parecerá uma vez que estiver cheia?

Estabeleça expectativas e ajude a reduzir frustração, intimidação e confusão geral.

Primeiras impressões são cruciais. Se você falhar em desenhar uma tela em branco cuidadosa, você criará uma impressão negativa (e falsa) do seu aplicativo ou serviço.

Você Nunca Tem Uma Segunda Chance...

> Outro aspecto da UI do Mac OS X que eu acho que foi tremendamente influenciado por [Steve] Jobs é a configuração e a experiência de primeiro uso. Eu acho que Jobs está muito ciente da importância das primeiras impressões... Eu acho que Jobs olha para a experiência de primeiro uso e pensa, pode ser apenas um milésimo da experiência geral do usuário com a máquina, mas é o milésimo mais importante, porque é o primeiro milésimo, e define suas expectativas e impressão inicial.

—John Gruber, autor e desenvolvedor web (de Entrevista com John Gruber)

Capítulo 50: Jogue na defensiva

Desenhe para quando as coisas derem errado

Vamos admitir: Coisas vão dar errado online. Não importa o quanto você desenhe seu aplicativo cuidadosamente, não importa quanto teste você faça, os clientes ainda encontrarão problemas. Então, como você lida com essas quebras inevitáveis? Com design defensivo.

Design defensivo é como dirigir defensivamente. Da mesma forma que os motoristas devem estar sempre atentos a estradas escorregadias, motoristas imprudentes e outros cenários perigosos, os construtores de sites devem constantemente procurar por pontos problemáticos que causam confusão e frustração aos visitantes. Uma boa defesa do site pode fazer ou desfazer a experiência do cliente.

Poderíamos preencher um livro separado com todas as coisas que temos a dizer sobre design defensivo. Na verdade, já fizemos. "Defensive Design for the Web" é o título e é um ótimo recurso para quem quer aprender a melhorar telas de erro e outros pontos de crise.

Lembre-se: Seu aplicativo pode funcionar bem 90% do tempo. Mas se você abandonar os clientes no momento de necessidade, é improvável que eles esqueçam isso.

Capítulo 51: Contexto acima de consistência

O que faz sentido aqui pode não fazer sentido lá

As ações devem ser botões ou links? Depende da ação. Uma visualização de calendário deve ser em forma de lista ou grade? Depende de onde está sendo mostrada e quanto tempo dura o período. Todo link de navegação global precisa estar em toda página? Você precisa de uma barra de busca global em todo lugar? Você precisa exatamente do mesmo rodapé em cada página? A resposta: "Depende".

É por isso que o contexto é mais importante do que a consistência. Está tudo bem ser inconsistente se o seu design faz mais sentido dessa maneira. Dê às pessoas apenas o que importa. Dê a elas o que precisam quando precisam e livre-se do que não precisam. É melhor estar certo do que ser consistente.

Inconsistência Inteligente

A consistência não é necessária. Por anos, estudantes de UI e UX foram ensinados que a consistência na interface é uma das regras cardinais do design de interface. Talvez isso se mantenha em software, mas na Web, simplesmente não é verdade. O que importa na Web é se, em cada página individual, o usuário pode avançar rapidamente e facilmente para o próximo passo do processo.

Na Creative Good, chamamos isso de "inconsistência inteligente": garantir que cada página do processo dê aos usuários exatamente o que eles precisam naquele ponto do processo. Adicionar elementos de navegação supérfluos, apenas porque são consistentes com o resto do site, é simplesmente bobo.

—Mark Hurst, fundador da Creative Good e criador do

Goovite.com

Capítulo 52: Copywriting é design de interface

Cada letra importa

Copywriting é design de interface. Grandes interfaces são escritas. Se você acha que cada pixel, ícone e fonte importam, então você também deve acreditar que cada letra importa. Quando estiver escrevendo sua interface, sempre se coloque no lugar da pessoa que está lendo. O que ela precisa saber? Como você pode explicar isso de forma sucinta e clara?

Você rotula um botão como "Enviar", "Salvar", "Atualizar", "Novo" ou "Criar"? Isso é copywriting. Você escreve três frases ou cinco? Explica com exemplos gerais ou com detalhes? Rotula o conteúdo como "Novo", "Atualizado", "Recentemente Atualizado" ou "Modificado"? É "Tem mensagens novas: 5" ou "Há 5 mensagens novas" ou é só "5" ou "cinco" ou "mensagens" ou "posts"? Tudo isso importa.

Você também precisa falar a mesma língua do seu público. Só porque você está escrevendo um aplicativo web não significa que você pode usar jargão técnico. Pense nos seus clientes e no que esses botões e palavras significam para eles. Não use siglas ou palavras que a maioria não entende. Não use linguagem interna. Não pareça um engenheiro falando com outro engenheiro. Mantenha curto e direto. Diga o que precisa e nada mais.

Uma boa escrita é um bom design. É uma exceção rara onde as palavras não acompanham o design. Ícones com nomes, campos de formulário com exemplos, botões com etiquetas, instruções passo a passo em um processo, uma explicação clara da sua política de reembolso. Tudo isso é design de interface.

Capítulo 53: Uma interface

Incorpore funções administrativas na interface pública

Telas administrativas — as telas usadas para gerenciar preferências, pessoas, etc. — tendem a ter uma aparência ruim. Isso acontece porque a maior parte do tempo de desenvolvimento é gasta na interface voltada para o público.

Para evitar a síndrome da tela administrativa ruim, não construa telas separadas para lidar com funções administrativas. Em vez disso, incorpore essas funções (ou seja, editar, adicionar, deletar) na interface regular da aplicação.

Se você tiver que manter duas interfaces separadas (ou seja, uma para o público geral e outra para administradores), ambas sofrerão. Na prática, você acaba pagando o mesmo imposto duas vezes. Você é forçado a se repetir e isso significa que você aumenta as chances de ser descuidado. Quanto menos telas você tiver que se preocupar, melhor elas serão.

Sem Interface Separada

A aplicação é tudo. Tudo o que pode ser alterado, adicionado ou ajustado pode ser feito diretamente através da área de gerenciamento da aplicação. Isso nos permite ver exatamente o que nossos clientes veem para ajudá-los com qualquer problema ou dúvida que tenham. E nossos clientes não precisam se preocupar em fazer login em uma interface separada para realizar diferentes tarefas. Um minuto eles podem estar lidando com compromissos para seus clientes e no minuto seguinte eles podem ter que adicionar um novo funcionário. Eles não podem ser incomodados com a troca entre diferentes aplicações e mantendo uma interface consistente eles são capazes de se adaptar à aplicação ainda mais rápido.

—Edward Knittel, Diretor de Vendas e Marketing, KennelSource

Código

Capítulo 54: Menos software

Mantenha seu código o mais simples possível

Você poderia pensar que o dobro de código tornaria seu software apenas duas vezes mais complexo. Mas, na verdade, cada vez que você aumenta a quantidade de código, seu software se torna exponencialmente mais complicado. Cada pequena adição, cada mudança, cada interdependência e cada preferência tem um efeito cascata. Continue adicionando código sem critério e, antes que perceba, você terá criado a temida Grande Bola de Lama.

A maneira de combater essa complexidade é com menos software. Menos software significa menos funcionalidades, menos código, menos desperdício.

A chave é reformular qualquer problema difícil que exija muito software em um problema simples que exige muito menos. Talvez você não esteja resolvendo exatamente o mesmo problema, mas tudo bem. Resolver 80% do problema original com 20% do esforço é uma grande vitória. O problema original quase nunca é tão grave que valha a pena cinco vezes o esforço para resolvê-lo.

Menos software significa guardar a bola de cristal. Em vez de tentar prever problemas futuros, você lida apenas com os problemas de hoje. Por quê? Os medos que você tem sobre o amanhã muitas vezes nunca se concretizam. Não se sobrecarregue tentando resolver esses problemas fantasmas.

Desde o início, projetamos nossos produtos em torno do conceito de menos software. Sempre que possível, dividimos problemas difíceis em fáceis. Descobrimos que soluções para problemas fáceis não são apenas mais fáceis de implementar e suportar, elas são mais fáceis de entender e de usar. Isso faz parte de como nos diferenciamos dos concorrentes; em vez de tentar construir produtos que fazem mais, construímos produtos que fazem menos.

- Menos software é mais fácil de gerenciar.
- Menos software reduz sua base de código e isso significa menos trabalho de manutenção (e uma equipe mais feliz).
- Menos software diminui seu custo de mudança para que você possa se adaptar rapidamente. Você pode mudar de ideia sem ter que alterar montes de código.
- Menos software resulta em menos bugs.
- Menos software significa menos suporte.

As funcionalidades que você escolhe incluir ou omitir também têm muito a ver com menos software. Não tenha medo de dizer não a pedidos de funcionalidades que são difíceis de fazer. A menos que sejam absolutamente essenciais, economize tempo/esforço/confusão deixando-os de fora.

Desacelere também. Não tome uma ação sobre uma ideia por uma semana e veja se ela ainda parece uma ótima ideia depois que o entusiasmo inicial passar. O tempo extra para maturar a ideia muitas vezes ajudará seu cérebro a encontrar uma solução mais fácil.

Encoraje os programadores a fazerem contrapropostas.

Você quer ouvir: "Do jeito que você sugeriu vai levar 12 horas. Mas tem um jeito que eu posso fazer que vai levar apenas uma hora. Não vai fazer x mas vai fazer y." Deixe o software contra-argumentar. Diga aos programadores para lutarem pelo que eles acham que é o melhor caminho.

Além disso, busque desvios para evitar escrever mais software. Você pode mudar o texto na tela para que sugira um caminho alternativo aos clientes que não exija uma mudança no modelo de software? Por exemplo, você pode sugerir que as pessoas façam upload de imagens de um tamanho específico em vez de fazer a manipulação de imagem no lado do servidor?

Para cada funcionalidade que entrar no seu aplicativo, pergunte-se: Há uma maneira de adicioná-la que não exigirá tanto software? Escreva apenas o código de que você precisa e nada mais. Seu aplicativo será mais enxuto e saudável como resultado.

Não há CÓDIGO mais flexível do que NENHUM código!

O "segredo" para um bom design de software não estava em saber o que colocar no código; estava em saber o que DEIXAR DE FORA! Estava em reconhecer onde estavam os pontos difíceis e os pontos fáceis, e saber onde deixar espaço/sala em vez de tentar enfiar mais design.

—Brad Appleton, engenheiro de software (de Não Há CÓDIGO mais flexível do que NENHUM Código!)

A complexidade não escala linearmente com o tamanho

A regra mais importante da engenharia de software é também a menos conhecida: A complexidade não escala linearmente com o tamanho...Um programa de 2000 linhas requer mais do que o dobro do tempo de desenvolvimento de um com metade do tamanho.

—The Ganssle Group (de Mantenha Pequeno)

Capítulo 55: Otimize para Felicidade

Escolha ferramentas que mantenham sua equipe animada e motivada

Um programador feliz é um programador produtivo. É por isso que otimizamos para a felicidade e você também deveria. Não escolha ferramentas e práticas baseando-se apenas em padrões da indústria ou métricas de desempenho. Olhe para os intangíveis: Existe paixão, orgulho e maestria aqui? Você realmente seria feliz trabalhando nesse ambiente oito horas por dia?

Isso é especialmente importante ao escolher uma linguagem de programação. Apesar da percepção pública do contrário, elas não são criadas iguais. Enquanto praticamente qualquer linguagem pode criar praticamente qualquer aplicação, a certa torna o esforço não apenas possível ou suportável, mas agradável e revigorante. É tudo sobre tornar os pequenos detalhes do trabalho diário prazerosos.

A felicidade tem um efeito cascata. Programadores felizes fazem a coisa certa. Eles escrevem código simples, legível. Eles adotam abordagens limpas, expressivas, legíveis, elegantes. Eles se divertem.

Aqui nós encontramos a felicidade na programação com a linguagem Ruby e a passamos para outros desenvolvedores com nossa framework Rails. Ambos compartilham uma declaração de missão para otimizar para os humanos e sua felicidade. Encorajamos você a experimentar essa combinação.

Em resumo, sua equipe precisa trabalhar com ferramentas que amam. Falamos aqui em termos de linguagens de programação, mas o conceito vale para aplicações, plataformas e qualquer outra coisa. Leve em consideração e escolha o que deixa as pessoas animadas. Você vai gerar entusiasmo e motivação e um produto melhor como resultado.

Capítulo 56: O código fala

Escute quando seu código reage

Escute o seu código. Ele oferecerá sugestões. Ele reagirá. Ele vai lhe dizer onde residem os perigos. Ele sugerirá novas maneiras de fazer as coisas. Ele vai ajudá-lo a manter um modelo de menos software.

Uma nova funcionalidade está exigindo semanas de tempo e milhares de linhas de código? Isso é o seu código lhe dizendo que provavelmente existe uma maneira melhor. Há uma maneira simples de codar algo em uma hora em vez de uma maneira complicada que levará dez horas? De novo, isso é o seu código guiando você. Escute.

Seu código pode guiá-lo para correções que são baratas e leves. Preste atenção quando um caminho fácil surgir. Claro, a funcionalidade que é fácil de fazer pode não ser exatamente a mesma que você tinha em mente originalmente, mas e daí? Se funciona bem o suficiente e lhe dá mais tempo para trabalhar em outra coisa importante, vale a pena mantê-la.

Fique atento

> Não se preocupe com o design, se você escutar o seu código, um bom design aparecerá... Escute as pessoas técnicas. Se eles estão reclamando sobre a dificuldade de fazer mudanças, então leve essas reclamações a sério e dê-lhes tempo para consertar as coisas.

—Martin Fowler, Cientista-Chefe, ThoughtWorks

Se Programadores Fossem Pagos Para Remover Código...

> Se os programadores fossem pagos para remover código do software em vez de escrever novo código, o software seria muito melhor.

—Nicholas Negroponte, Professor de Tecnologia de Mídia no MIT (de E, o resto da história (Conferência AIGA))

Capítulo 57: Gerencie dívidas

Pague suas "dívidas" de código e design

Costumamos pensar em dívida em termos de dinheiro, mas ela vem em outras formas também. Você pode facilmente acumular dívidas de código e design.

Junte um código ruim que é funcional, mas ainda um pouco complicado e você está acumulando dívida. Monte um design que é bom o suficiente, mas não realmente bom e você fez isso novamente.

É ok fazer isso de vez em quando. De fato, muitas vezes é uma técnica necessária que ajuda você a fazer a coisa toda de Tornar-Real-ASAP. Mas você ainda precisa reconhecê-la como dívida e pagá-la em algum momento, limpando o código complicado ou redesenhando aquela página mais ou menos.

Da mesma maneira que você deve regularmente reservar uma parte de sua renda para impostos, regularmente reserve um tempo para pagar sua dívida de código e design. Se você não fizer isso, você estará apenas pagando juros (corrigindo gambiarras) em vez de pagar o principal (e avançando).

Capítulo 58: Abra portas

Leve os dados para o mundo via RSS, APIs, etc.

Não tente aprisionar seus clientes. Deixe-os obter suas informações quando quiserem e como quiserem. Para fazer isso, você tem que abandonar a ideia de selar os dados. Em vez disso, deixe-os correr soltos. Dê às pessoas acesso às suas informações via feeds RSS. Ofereça APIs que permitam a desenvolvedores terceiros construir em cima da sua ferramenta. Quando você faz isso, torna a vida dos clientes mais conveniente e expande as possibilidades do que seu aplicativo pode fazer.

As pessoas costumavam pensar em feeds RSS apenas como uma boa maneira de acompanhar blogs ou sites de notícias. Os feeds têm mais poder do que isso, no entanto. Eles também oferecem uma ótima maneira para os clientes se manterem atualizados sobre o conteúdo mutável de um aplicativo sem ter que fazer login repetidamente. Com os feeds do Basecamp, os clientes podem colocar a URL em um leitor de notícias e ficar de olho nas mensagens do projeto, listas de tarefas e marcos sem ter que verificar constantemente o site.

APIs permitem que desenvolvedores criem produtos adicionais para o seu aplicativo que podem se revelar inestimáveis. Por exemplo, o Backpack fornece uma API que a Chipt Productions usou para construir um widget do Dashboard para Mac OS X. O widget permite que as pessoas adicionem e editem lembretes, itens de lista e mais diretamente da área de trabalho. Os clientes nos elogiaram muito por este widget e alguns até disseram que foi o fator chave para começarem a usar o Backpack.

Outros bons exemplos de empresas deixando os dados correrem livres para obter um efeito bumerangue:
- A **API do Google Maps** gerou mash-ups interessantes que permitem às pessoas coletar informações de outra fonte

(por exemplo, anúncios de apartamentos) e plotar esses dados em um mapa.

- Linkrolls oferecem uma maneira de as pessoas exibirem seus últimos bookmarks do **del.icio.us** em seus próprios sites.
- O **Flickr** permite que outras empresas acessem APIs comerciais para que os clientes possam comprar livros de fotos, pôsteres, backups em DVD e selos. "O objetivo é abrir completamente e oferecer a maior variedade de escolhas quando se trata de fazer coisas com suas fotos", diz Stewart Butterfield, do Flickr.

Um Widget Faz a Diferença

Quando o Basecamp lançou o Backpack há algum tempo, minha primeira impressão foi... eh.

Então, foi por volta do tempo que a Chipt Productions lançou um widget do Backpack para o Tiger — que era legal demais para não baixar e experimentar — que eu dei uma segunda olhada no Backpack. O resultado? Uma grande diferença.

Agora, sempre que uma ideia surge, eu abro o widget, digito e envio — pronto. Chega um e-mail com algo que eu quero verificar? Abro o widget, digito e envio — pronto. O widget é um despejo imediato do cérebro disponível em cada Mac que uso. E porque tudo é baseado na web, não há controle de versão ou sincronização — apenas a entrada fluida de conteúdo sem ter que se preocupar para onde está indo ou como acessarei mais tarde.

—Todd Dominey, fundador, Dominey Design

Palavras

Capítulo 59: Não há nada funcional sobre specs funcionais

Não escreva um documento de especificações funcionais

Esses documentos de projeto geralmente acabam tendo quase nada a ver com o produto finalizado. Aqui está o porquê:

Especificações funcionais são fantasias

Elas não refletem a realidade. Um aplicativo não é real até que os construtores estejam construindo, os designers estejam desenhando, e as pessoas estejam usando. Especificações funcionais são apenas palavras no papel.

Especificações funcionais são sobre apaziguamento

Elas são sobre fazer todos se sentirem envolvidos e felizes o que, embora caloroso e fofinho, não é tão útil. Elas nunca são sobre fazer escolhas difíceis e expor custos, coisas que precisam acontecer para construir um ótimo aplicativo.

Especificações funcionais apenas levam a uma ilusão de acordo

Um grupo de pessoas concordando em parágrafos de texto não é um verdadeiro acordo. Todos podem estar lendo a mesma coisa, mas estão pensando algo diferente. Isso inevitavelmente aparece mais tarde: "Espera, isso não foi o que eu tinha em mente." "Hã? Não foi assim que descrevemos." "Foi sim e todos concordamos com isso — você até deu sua aprovação." Você sabe como é.

Especificações funcionais te forçam a fazer as

decisões mais importantes quando você tem menos informações

Você sabe menos sobre algo quando começa a construí-lo. Quanto mais você o constrói, mais você o usa, mais você o conhece. É quando você deve estar tomando decisões — quando você tem mais informações, não menos.

Especificações funcionais levam ao excesso de recursos

Não há resistência durante a fase de especificação. Não há custo para escrever algo e adicionar outro bullet point. Você pode agradar alguém que é um incômodo adicionando o recurso preferido dele. E então você acaba projetando para esses bullet points, não para humanos. E é assim que você acaba com um site sobrecarregado que tem 30 abas no topo da tela.

Especificações funcionais não te deixam evoluir, mudar e reavaliar

Uma funcionalidade é aprovada e acordada. Mesmo se você perceber durante o desenvolvimento que é uma má ideia, você está preso a ela. Especificações não lidam com a realidade de que, uma vez que você começa a construir algo, tudo muda.

Então, o que você deve fazer no lugar de uma especificação? Vá com uma alternativa mais breve que te mova em direção a algo real. Escreva uma história de uma página sobre o que o aplicativo precisa fazer. Use linguagem simples e faça rápido. Se levar mais de uma página para explicar, então é complexo demais. Esse processo não deve levar mais de um dia.

Então comece a construir a interface — a interface será a alternativa para a especificação funcional. Faça alguns esboços rápidos e simples no papel. Depois comece a codificá-lo em HTML. Ao contrário de parágrafos de texto que estão abertos a interpretações alternativas, designs de interface são um terreno comum no qual todos podem concordar.

A confusão desaparece quando todos começam a usar as mesmas telas. Construa uma interface que todos possam começar a olhar, usar, clicar e "sentir" antes de começar a se preocupar com o código de backend. Coloque-se o máximo possível na frente da experiência do cliente.

Esqueça as especificações fixas. Elas te forçam a fazer grandes decisões-chave muito cedo no processo. Contorne a fase de especificação e você manterá a mudança barata e permanecerá flexível.

Especificações Inúteis

Uma "especificação" é quase inútil. Eu nunca vi uma especificação que fosse grande o suficiente para ser útil e precisa.

E eu vi muitos trabalhos totalmente ruins que foram baseados em especificações. É a pior maneira de escrever software, porque por definição significa que o software foi escrito para corresponder à teoria, não à realidade.

—Linus Torvalds, criador do Linux

Combata os bloqueadores

Eu descobri que as pessoas insistindo em documentos extensivos de requisitos antes de começar qualquer design eram realmente "bloqueadores" tentando apenas desacelerar o processo (e geralmente pessoas sem nada a contribuir no design ou pensamento inovador).

Todo o nosso melhor trabalho foi feito com alguns conceitos em nossas cabeças sobre melhorar um site, fazendo um protótipo rápido (estático), mudando um pouco o design e depois construindo um protótipo ao vivo com dados reais. Depois de testar esse protótipo, geralmente tínhamos um projeto real em movimento e um bom resultado.

—Mark Gallagher, desenvolvedor de intranet corporativa

Capítulo 60: Não crie documentos mortos

Elimine papelada desnecessária

Evitar especificações funcionais é um bom começo, mas não pare por aí; previna excesso de papelada em todos os lugares. A menos que um documento vá realmente se transformar em algo real, não o produza.

Construa, não escreva. Se você precisa explicar algo, tente fazer um mockup e prototipá-lo em vez de escrever um documento longo. Uma interface real ou protótipo está a caminho de se tornar um produto real. Um pedaço de papel, por outro lado, está apenas a caminho da lixeira.

Aqui vai um exemplo: Se um documento de wireframe está destinado a parar e nunca se tornar o design real, não se dê ao trabalho de fazê-lo. Se o wireframe começa como um wireframe e depois se transforma no design real, vá em frente.

Documentos que vivem separadamente da sua aplicação são inúteis. Eles não te levam a lugar nenhum. Tudo o que você faz deve evoluir para a coisa real. Se um documento para antes de se tornar real, ele está morto.

Ninguém Vai Ler

Eu nem consigo contar quantas especificações de produto de várias páginas ou documentos de requisitos de negócios que ficaram esquecidos, não lidos, acumulando poeira perto da minha equipe de desenvolvimento enquanto codificávamos, discutindo problemas, fazendo perguntas e testando com usuários à medida que íamos. Eu até trabalhei com desenvolvedores que passaram horas escrevendo longos e-mails descritivos ou documentos de padrões de codificação que também não foram lidos.

Aplicativos web não avançam com documentação copiosa. O desenvolvimento de software é um processo constantemente mutável e iterativo que envolve interação, decisões rápidas e problemas impossíveis de prever que surgem ao longo do caminho. Nada disso pode ou deve ser capturado no papel.

Não perca seu tempo digitando aquele longo tomo visionário; ninguém vai lê-lo. Conforte-se com o fato de que, se você der ao seu produto espaço suficiente para crescer por si só, no final ele não se parecerá com nada do que você escreveu de qualquer maneira.

—Gina Trapani, desenvolvedora web e editora do Lifehacker, o guia de produtividade e software

Capítulo 61: Me conte uma história breve

Escreva histórias, não detalhes

Se você realmente precisar usar palavras para explicar um novo recurso ou conceito, escreva uma breve história sobre isso. Não entre nos detalhes técnicos ou de design, apenas conte uma história rápida. Faça isso de uma maneira humana, como você faria em uma conversa normal.

Não precisa ser um ensaio. Apenas descreva o fluxo do que acontece. E se você puder incluir a breve história em contexto com as telas que está desenvolvendo, melhor ainda.

Concentre-se na experiência ao invés de ficar preso aos detalhes. Pense em estratégia, não em táticas. As táticas se encaixarão assim que você começar a construir essa parte do seu aplicativo. Agora, você só quer criar uma história que iniciará conversas e colocará você no caminho certo.

Capítulo 62: Use palavras reais

Insira texto real em vez de Lorem Ipsum

Lorem ipsum é um amigo confiável dos designers. Textos fictícios ajudam as pessoas a entender como o design ficará uma vez que esteja completo. Mas o texto fictício também pode ser perigoso.

Lorem ipsum muda a maneira como o texto é visto. Ele reduz o conteúdo baseado em texto a um elemento de design visual — uma forma de texto — em vez do que deveria ser: informações valiosas que alguém vai ter que inserir e/ou ler. Texto fictício significa que você não verá as variações inevitáveis que aparecem uma vez que informações reais são inseridas. Significa que você não saberá como é preencher formulários no seu site. Texto fictício é um véu entre você e a realidade.

Você precisa de texto real para saber quão compridos certos campos devem ser. Você precisa de texto real para ver como tabelas vão expandir ou contrair. Você precisa de texto real para saber como seu aplicativo realmente se parece.

Assim que puder, use palavras reais e relevantes. Se seu site ou aplicativo requer entrada de dados, insira conteúdo real. E realmente digite o texto — não apenas cole de outra fonte. Se for um nome, digite um nome real. Se for uma cidade, digite uma cidade real. Se for uma senha, e for repetida duas vezes, digite-a duas vezes.

Claro, é mais fácil simplesmente percorrer os formulários e preencher os campos com lixo ("asdsadklja" "123usadfjasld" "snaxn2q9e7") para passar por eles rapidamente. Mas isso não é real. Não é isso que seus clientes vão fazer. É realmente inteligente tomar um atalho quando os clientes são forçados a tomar o caminho longo? Quando você apenas insere cópias falsas de maneira rápida, você não sabe como é realmente preencher aquele formulário.

Faça como seus clientes fazem e você os entenderá melhor. Quando você os entender melhor, e sentir o que eles sentem, você construirá uma interface melhor.

Lixo de Lorem Ipsum

> Ao não ter a imaginação para imaginar o que o conteúdo "poderia" ser, uma consideração de design é perdida. O significado se torna obfuscado porque "é apenas texto", a compreensibilidade fica comprometida porque ninguém percebeu que esse material de texto era realmente destinado a ser lido. Oportunidades se perdem porque o lixo de lorem ipsum que você usou em vez de conteúdo real não sugeriu oportunidades. O texto então é feito muito pequeno, porque, não é para ser usado, podemos também criar muitos daquele adorável espaço branco.

—Tom Smith, designer e desenvolvedor (de "Eu odeio Lorem Ipsum e Usuários de Lorem Ipsum")

Capítulo 63: Personifique seu produto

Qual é a personalidade do seu produto?

Pense no seu produto como se fosse uma pessoa. Que tipo de pessoa você quer que ele seja? Educado? Sério? Perdoador? Estrito? Engraçado? Sério? Sério? Descontraído? Você quer que ele pareça paranóico ou confiável? Como um sabichão? Ou modesto e simpático?

Uma vez que decida, sempre mantenha essas características de personalidade em mente à medida que o produto é construído. Use-as para guiar a redação, a interface e o conjunto de recursos. Sempre que fizer uma mudança, pergunte-se se essa mudança se encaixa na personalidade do seu aplicativo.

Seu produto tem uma voz — e está falando com seus clientes 24 horas por dia.

Precificação e cadastros

Capítulo 64: Amostras grátis

Dê algo de graça

É um mundo barulhento lá fora. Para fazer as pessoas te notarem no meio desse ruído, você precisa dar algo de graça.

Empresas inteligentes sabem que dar brindes é uma ótima maneira de atrair clientes. Veja a Apple. Eles oferecem o software iTunes de graça para aumentar a demanda pelo iPod e pela loja de músicas iTunes. No mundo offline, as lojas de varejo fazem o mesmo. A Starbucks diz uma nova compra é estimulada a cada cinco amostras de bebidas que dão aos clientes. Nada mal.

Para nós, Writeboard e Ta-da List são aplicativos completamente gratuitos que usamos para levar as pessoas a usar nossos outros produtos. Além disso, sempre oferecemos alguma versão gratuita de todos os nossos aplicativos.

Queremos que as pessoas experimentem o produto, a interface, a utilidade do que construímos. Uma vez que estão ''fisgadas'', elas têm muito mais chances de fazer upgrade para um dos planos pagos (que permitem mais projetos ou páginas e dão acesso a recursos adicionais como upload de arquivos e criptografia de dados SSL).

Pedaços pequenos

> Faça pedaços pequenos: Crie ofertas especializadas e menores para fazer os clientes "morderem a isca". Resolva subdividir pelo menos um produto ou serviço em pedaços pequenos que sejam baratos, fáceis ou divertidos.

—Ben McConnell e Jackie Huba, autores do Church of the

Customer Blog (de "What is customer evangelism?")

Entregue seu hit de graça

Considere dar uma de suas músicas (por álbum) como um download promocional gratuito para o mundo — para ser como o trailer de um filme — como o single de sucesso enviado para o rádio — a música que faz as pessoas quererem comprar sua música.

Não se preocupe com a pirataria dessa música. Deixe as pessoas tocá-la, copiá-la, compartilhá-la, dar de presente. Tenha a confiança de que, se o mundo ouvi-la, eles pagarão por mais.

—Derek Sivers, presidente e programador, CD Baby e HostBaby (de "Free Promo Track")

Capítulo 65: Fácil entrar, fácil sair

Torne o processo de inscrição e cancelamento tranquilo.

Facilite ao máximo a entrada — e saída — do seu app.

Se eu sou um cliente querendo usar seu app, o processo tem que ser tranquilo, sem dor de cabeça. Faça um botão de inscrição grande, chamativo, que se destaque, e coloque-o em cada página do seu site de marketing. Diga para todo mundo como é fácil: "Do cadastro ao login em apenas 1 minuto!"

Deve sempre haver uma opção gratuita, assim os clientes podem testar o app sem precisar informar dados de cartão de crédito. Alguns dos nossos concorrentes exigem uma ligação, um agendamento ou uma senha especial para testar o produto. Qual é a dessa? Nós deixamos qualquer um experimentar nossos apps de graça a qualquer momento.

Mantenha o formulário de inscrição o mais curto possível. Não peça informações que você não precisa e não assuste as pessoas com um formulário longo e intimidador.

Os mesmos princípios valem para o processo de cancelamento. Você nunca quer "prender" as pessoas dentro do seu produto. Embora fiquemos tristes quando alguém decide cancelar a conta no Basecamp, nunca tornamos esse processo intimidador ou confuso. "Cancelar minha conta" é um link super claro na página de conta de qualquer usuário. Não deve haver nenhum email para enviar, formulário especial para preencher, ou perguntas para responder.

Além disso, certifique-se de que as pessoas possam levar seus dados se decidirem sair. Nós garantimos que os clientes possam exportar todas as mensagens e comentários em formato XML a qualquer momento. São dados deles e devem poder fazer o que quiserem com eles.

Isso é crucial porque dar controle sobre as informações constrói confiança. Você está oferecendo uma ponte para a ilha de dados deles. Você está permitindo que saiam sem penalidades se encontrarem uma oferta melhor. É a coisa certa a fazer e demonstra boa vontade.

Saída Tranquila

> Não prenda os usuários contra a vontade deles. Se quiserem ir embora, permita que levem todo o conteúdo que criaram enquanto estavam no seu site... e de graça... Você tem que deixar a porta do celeiro aberta e focar em manter seus clientes satisfeitos, para que eles queiram voltar, ao invés de voltarem porque estão presos.

—Charlie O'Donnell, analista, **Union Square Ventures** (de "10 Passos para uma Empresa Web 2.0 de Grande Sucesso")

Capítulo 66: Truques são para crianças

Evite contratos de longo prazo, taxas de inscrição, etc.

Ninguém gosta de contratos de longo prazo, taxas de rescisão antecipada ou taxas únicas de configuração. Então, evite-os. Nossos produtos são cobrados em uma base mensal. Não há contrato para assinar e você pode cancelar a qualquer momento sem penalidade. E nunca há taxas de configuração.

Não tente encontrar maneiras "espertas" de conseguir mais dinheiro. Faça por onde.

Capítulo 67: Uma bala mais suave

Suavize o impacto de más notícias

Precisa entregar más notícias, como um aumento de preço? Torne isso o menos doloroso possível, dando às pessoas bastante antecedência. Além disso, considere um período de carência que isente os clientes existentes por um determinado tempo. Essas pessoas são a sua base e você quer fazê-las se sentir valorizadas, não exploradas.

Divulgação

Capítulo 68: Lançamento de cinema

De teaser a prévia até o lançamento

Se um aplicativo é lançado em uma floresta e não há ninguém lá para usá-lo, ele faz barulho? O ponto aqui é que, se você lançar seu aplicativo sem nenhum pré-hype, as pessoas não vão saber sobre ele.

Para construir expectativa e antecipação, siga um lançamento estilo Hollywood: 1) Teaser, 2) Prévia, e 3) Lançamento.

Teaser

Alguns meses antes, comece a dar pistas. Deixe as pessoas saberem no que você está trabalhando. Poste um logotipo. Poste no seu blog sobre o desenvolvimento. Mantenha-se vago, mas plante a semente. Também, monte um site onde você possa coletar emails de pessoas interessadas.

Nesta fase, você também deve começar a seduzir os entendidos e insiders. Essas são as pessoas na vanguarda. Eles são os formadores de opinião. Apelo à vaidade deles e status como pioneiros. Diga que eles estão recebendo uma prévia exclusiva. Se um site como Boing Boing, Slashdot ou Digg linkar seu aplicativo, você vai receber uma carga de tráfego e seguidores. Além disso, seu ranking no Google também vai subir.

Prévia

Algumas semanas antes do lançamento, comece a mostrar prévias das funcionalidades. Dê acesso aos bastidores. Descreva o tema do produto. Para o Basecamp, postamos capturas de tela e destacamos lembretes, milestones e outras funcionalidades.

Também, conte às pessoas sobre as ideias e princípios por trás do aplicativo. Para o Backpack, postamos nosso manifesto antes do lançamento. Isso fez as pessoas pensarem e falarem sobre o aplicativo.

Você também pode oferecer alguns "golden tickets" especiais para algumas pessoas para que elas possam começar a usar o aplicativo mais cedo. Você terá o benefício de ter alguns testadores beta enquanto eles sentirão aquele brilho especial que as pessoas têm por serem early adopters.

E novamente, incentive as pessoas a se inscreverem para que você tenha uma base de emails para enviar assim que lançar. Até a hora que lançamos nossos aplicativos, temos milhares de emails para contatar, o que é uma grande ajuda para ganhar tração.

Lançamento

É hora do lançamento. Agora as pessoas podem realmente ir ao "cinema" e ver seu aplicativo. Envie emails para aqueles que se inscreveram. Lance seu site de marketing completo. Espalhe a palavra tanto quanto possível. Consiga que blogs linkem para você. Poste sobre seu progresso: Quantas pessoas se inscreveram? Quais atualizações/ajustes você fez? Mostre momentum e continue assim.

O Caminho para o Dia de Lançamento

Assim que soubemos que o Blinksale realmente ia acontecer, começamos a soltar alguns teasers para nossa lista de emails. Essas são pessoas que pediram para receber informações sobre nossos projetos. São nossos fãs, por assim dizer. Se você já tem permissão para falar com um grupo de pessoas, eles são o melhor ponto de partida.

A segunda coisa que fizemos foi conseguir permissão para

falar com mais pessoas sobre nosso produto. Cerca de seis semanas antes do lançamento do Blinksale, colocamos uma página teaser no nosso site que proclamava a chegada de uma maneira mais fácil de enviar faturas online. A página dava informações suficientes para construir empolgação e suspense, sem revelar detalhes sensíveis que precisavam permanecer confidenciais. Exibido de forma proeminente na página estava um formulário de inscrição para newsletter, precisando apenas de um email (mantenha simples) para que os interessados pudessem ser notificados quando o produto fosse lançado.

Espalhamos a palavra para uma dúzia de amigos e colegas que achávamos que estariam interessados no produto, e eles começaram a espalhar a palavra sobre a página teaser através de seus blogs e sites. Em poucos dias, tínhamos milhares em nossa lista de emails. Essas eram pessoas extremamente importantes — pessoas que estão pedindo para aprender mais sobre nosso produto e que queriam saber quando lançamos.

Finalmente, cerca de duas semanas antes de lançarmos, convidamos um punhado de amigos, colegas e especialistas da indústria para nos ajudar a testar o Blinksale em beta. Isso nos permitiu colocar o produto na frente de pessoas que achávamos que poderiam se beneficiar de seu uso e que poderiam nos ajudar a espalhar a palavra sobre o produto quando lançássemos. É importante notar que não forçamos ninguém a usar ou escrever sobre o produto. Simplesmente queríamos que ele fosse visto e queríamos que as pessoas falassem sobre ele quando lançasse. No fim, se você vai construir buzz dessa maneira, é melhor ter certeza de que seu produto pode entregar. Caso contrário, é como nuvens sem chuva.

Quando o dia do lançamento chegou, enviamos um email para nossa lista de emails, notificamos nossos amigos blogueiros e encorajamos nossos testadores beta a expressarem suas opiniões. E, para nossa grande alegria, o esforço rendeu grandes dividendos. Pouco depois do lançamento, dezenas de milhares haviam visitado nosso site e milhares daqueles se inscreveram para usar o produto.

—Josh Williams, fundador, Blinksale

Capítulo 69: Um site promocional poderoso

De teaser a prévia até o lançamento

A melhor ferramenta de promoção é um ótimo produto. A notícia se espalhará se você tem um aplicativo que as pessoas acham realmente útil.

Ainda assim, você também precisa de um site promocional de primeira. O que você deve incluir neste site? Algumas ideias:

- **Visão Geral:** Explique seu aplicativo e seus benefícios.
- **Tour:** Guie as pessoas pelas várias funcionalidades.
- **Capturas de tela e vídeos:** Mostre às pessoas como o aplicativo realmente parece e como usá-lo.
- **Manifesto:** Explique a filosofia e ideias por trás dele.
- **Estudos de Caso:** Forneça exemplos da vida real que mostram o que é possível.
- **Buzz:** Citações de testemunhos de clientes, resenhas, imprensa, etc.
- **Fórum:** Ofereça um lugar para membros da comunidade ajudarem uns aos outros.
- **Preços & Inscrição:** Leve as pessoas para dentro do seu aplicativo o mais rápido possível.
- **Blog:** Blogs mantêm seu site atualizado com notícias, dicas, etc.

Capítulo 70: Surfe a onda do conteúdo

Criar conteúdo pode ser mais eficaz que anunciar (e é muito mais barato)

Anunciar é caro. E avaliar a eficácia de vários tipos de publicidade pode acabar sendo ainda mais caro que a própria publicidade. Quando você não tem tempo ou dinheiro para seguir a rota tradicional de publicidade, considere a rota de promoção via blog ou conteúdo.

Comece criando um blog que não apenas promove seu produto, mas também oferece conselhos úteis, dicas, truques, links, etc. Nosso blog Signal vs. Noise recebe milhares de leitores únicos por semana graças às informações úteis, informativas e interessantes que postamos diariamente.

Então, quando chegou a hora de promover nosso primeiro produto, Basecamp, começamos por lá. Divulgamos a palavra no SvN e ela começou a se espalhar. Pessoas como Jason Kottke, os BoingBoingers, Jim Coudal e uma variedade de outras pessoas com blogs populares ajudaram a aumentar a visibilidade e as coisas decolaram.

Ta-da List é outro ótimo exemplo do poder do marketing baseado em blog. Lançamos o Ta-da com um único post no Signal vs. Noise, e algumas semanas depois ele havia sido mencionado em mais de 200 blogs e mais de 12.000 pessoas se inscreveram para ter sua própria conta no Ta-da. A palavra sobre o Backpack se espalhou ainda mais rápido. Dentro de 24 horas do lançamento, mais de 10.000 se inscreveram.

Capítulo 71: Peça o quanto antes

Comece a criar expectativa e inscrições o quanto antes

Já tocamos no assunto, mas vale a pena repetir: coloque algum tipo de site no ar e comece a coletar e-mails o quanto antes. Escolha o nome do seu domínio e coloque um logotipo e talvez uma frase ou duas que descrevam, ou pelo menos dêem uma ideia, do que seu aplicativo fará. Depois, deixe as pessoas fornecerem o endereço de e-mail delas. Agora você está no caminho para ter uma base de pessoas prontas e esperando para serem notificadas do seu lançamento.

Capítulo 72: Divulgue Através da Educação

Compartilhe seu conhecimento com o mundo

Quando um professor aparece em algum reality show, frequentemente ouve-se comentários de que essa é uma "profissão nobre". Esses comentários estão certos. Há definitivamente algo maravilhoso e gratificante em compartilhar seu conhecimento com os outros. **E quando o assunto que você está ensinando é o seu produto, isso serve a um duplo propósito: Você pode retribuir à comunidade que te apoia e ao mesmo tempo conseguir uma boa exposição.**

Como divulgação, a educação é uma forma suave de colocar seu nome — e o nome do seu produto — na frente de mais pessoas. E, em vez de uma abordagem de venda direta 'compre este produto', você ganha atenção fornecendo um serviço valioso. Isso cria um burburinho positivo que as táticas de marketing tradicionais não conseguem igualar. Pessoas que você educa se tornarão seus evangelistas.

A educação pode vir em muitas formas. Poste dicas e truques no seu site que as pessoas vão querer compartilhar com outras. Fale em conferências e fique depois para encontrar e cumprimentar os participantes. Realize workshops para que fãs curiosos possam aprender mais e falar com você pessoalmente. Dê entrevistas para publicações. Escreva artigos que compartilhem informações úteis. E escreva livros ;)

Um exemplo interno é a técnica "Yellow Fade", um método que inventamos para destacar de forma sutil uma área recentemente alterada em uma página. Um post sobre isso foi feito no "**Signal vs. Noise**" (blog da 37signals). Esse post circulou e obteve milhares e milhares de visualizações e até hoje gera um tráfego relevante.

O post funcionou tanto em um nível educacional quanto promocional. Uma lição foi aprendida e muitas pessoas que nunca teriam conhecido nossos produtos foram expostas a eles. Outro exemplo: durante o desenvolvimento do Ruby on Rails, decidimos tornar a infraestrutura open source. Acabou sendo uma jogada inteligente. Nós retribuímos à comunidade, construímos boa vontade, ganhamos reconhecimento para nossa equipe, recebemos feedback útil e começamos a receber patches e contribuições de programadores de todo o mundo.

Ensinar é sobre bom karma. Você está pagando adiantado. Você está ajudando os outros. Você ganha uma divulgação saudável. E você pode até se sentir um pouquinho mais nobre no fim do dia. Então, me fala, o que você sabe que o mundo quer ouvir?

Pague Adiantado

A seção de artigos e dicas do nosso blog é uma das mais populares do nosso site. Passar adiante nosso conhecimento sobre marketing por e-mail garante que nossos clientes aproveitem ao máximo nosso software. Se eles podem oferecer um serviço melhor aos seus clientes, então é provável que consigam mais negócios, o que por sua vez cria mais negócios para nós — todos ganham.

Compartilhar livremente nosso conhecimento também nos ajudou a nos posicionar como especialistas na indústria e fortaleceu nossa relação com os clientes existentes. Eles sabem que nos preocupamos com a qualidade do trabalho deles. Finalmente, recebemos muitos acessos de tráfego inbound direcionado de mecanismos de busca e blogueiros que compartilham nossos artigos com seus leitores. Estas são pessoas que nunca teriam ouvido falar do nosso software se não tivéssemos escrito aquele artigo.

— David Greiner, fundador da Campaign Monitor

Capítulo 73: Sirva funcionalidades

Eles estão famintos por isso, então sirva

Novas ou interessantes funcionalidades são uma ótima maneira de gerar buzz para o seu aplicativo. Grupos de interesse especial adoram se alimentar funcionalidades e cuspi-las de volta para a comunidade. Certo, essa é uma analogia meio desagradável, mas você entendeu o ponto.

Por exemplo, ao usar Ruby on Rails, uma nova plataforma de desenvolvimento, geramos uma tonelada de atenção para o Basecamp dentro da comunidade de desenvolvedores.

Os elementos Ajax que usamos em nossos aplicativos receberam muita atenção e até levaram a revista Business 2.0 a nomear o Basecamp como um "player chave em Ajax" ao lado de grandes nomes como Google, Yahoo, Microsoft e Amazon.

Outro exemplo: Blogueiros notaram o suporte a RSS do Basecamp, já que foi um dos primeiros exemplos de negócios usando RSS.

Integração com iCal, uma funcionalidade aparentemente menor, nos deu imprensa em uma tonelada de sites relacionados a Mac que provavelmente nunca teriam mencionado o aplicativo de outra forma.

Equipes pequenas têm uma vantagem na integração de novas ideias em software. Enquanto empresas maiores têm que lidar com gargalos burocráticos, você pode implementar rapidamente novas ideias e chamar atenção por usá-las.

Aproveitar a onda do hype da tecnologia do momento é uma maneira eficaz e barata de construir seu buzz. Dito isso, não vá adicionando a mais recente tecnologia obscura apenas para ganhar algum destaque. Mas, se você está usando algo novo ou digno de nota, vá em frente e destaque isso para grupos que tem esse interesse especial.

Capítulo 74: Acompanhe seus rastros

Estude seus registros para acompanhar o buzz

Você precisa saber quem está falando sobre você. Verifique seus registros e descubra de onde vem o buzz. Quem está gerando links para você? Quem está reclamando de você? Quais blogs listados no Technorati, Blogdex, Feedster, Del.icio.us e Daypop estão te acompanhando?

Descubra e então marque sua presença. Deixe comentários nesses blogs. Agradeça às pessoas por postarem links. Pergunte se elas querem ser incluídas na sua lista especial para que sejam algumas das primeiras a saber sobre futuros lançamentos, atualizações, etc. Colete elogios positivos e crie uma página de "buzz" no seu site. Depoimentos são uma ótima maneira de promover seu aplicativo, já que elogios de terceiros são mais confiáveis para a maioria das pessoas.

Se os comentários forem negativos, ainda assim preste atenção. Mostre que você está ouvindo. Responda às críticas de forma pensada. Algo como: "Agradecemos o feedback, mas fizemos dessa maneira porque..." Ou "Você levantou um bom ponto e estamos trabalhando nisso." Você vai amaciar seus críticos e colocar um rosto humano no seu produto. É incrível como um comentário pensativo em um blog pode dissipar os detratores e até transformar reclamadores em evangelistas.

Capítulo 75: Upsell em contexto

Promova oportunidades de upgrade dentro do aplicativo

Todo mundo sabe que se deve vender na landing page. Mas a venda não deve parar por aí. Se você tem um plano de preços escalonado (ou uma versão gratuita do seu aplicativo), não esqueça de destacar as oportunidades de upgrade dentro do produto.

Informe às pessoas que você removerá barreiras se elas fizerem um upgrade. Por exemplo, no Basecamp, você não podia fazer upload de arquivos se tivesse uma conta gratuita. Quando alguém tenta fazer upload de um arquivo, nós não apenas os recusamos. Explicamos por que o upload de arquivos não está disponível e incentivamos a fazer o upgrade para a versão paga e explicamos por que isso é uma boa ideia. A mesma abordagem é usada para incentivar clientes existentes a fazerem upgrade para uma conta de nível superior quando eles atingem o limite do seu plano atual.

Clientes existentes são sua melhor aposta para vendas. Não tenha receio de tentar vender repetidas vezes para pessoas que já conhecem e usam seu produto.

Capítulo 76: Nome que cole

Dê ao seu aplicativo um nome fácil de lembrar

Um grande erro que muitas pessoas cometem é pensar que o nome do seu aplicativo precisa ser ultra descritivo. Não se preocupe em escolher um nome que descreva vividamente o propósito da sua ferramenta; Isso geralmente leva a um nome genérico e esquecível. Basecamp é um nome melhor do que algo como Centro de Gerenciamento de Projetos ou ProjetoExpresso. Writeboard é melhor do que ColaboraEdição.

Além disso, não transforme o processo de nomeação em algo excessivamente burocrático ou decidido por comissões. Escolha um nome que seja curto, cativante e memorável e siga em frente com ele.

E não se preocupe se você não conseguir o nome de domínio exato que quer. Você sempre pode ser criativo e chegar perto com algumas letras extras (por exemplo, backpackit.com ou campfirenow.com).

O fácil resolve

A indústria da tecnologia não percebe que pensar em nomes cativantes e autoexplicativos acabaria beneficiando-a da mesma maneira? Eles venderiam mais do que fosse, porque não afastariam consumidores que pensam que estão sendo excluídos do clube de alta tecnologia por um bando de engenheiros arrogantes. A tecnologia também pegaria mais rápido. O novo produto seria mais fácil de descrever, mais fácil de usar e mais fácil de comprar — o que, para as empresas, significa mais fácil de vender.

—David Pogue, colunista, New York Times (de "What's in a Product Name?")

Suporte

Capítulo 77: Sinta a dor

Derrube as paredes entre suporte e desenvolvimento

No ramo de restaurantes, há um mundo de diferença entre aqueles que trabalham na cozinha e aqueles da linha de frente que lidam com os clientes. É importante que ambos os lados se entendam e se coloquem no lugar do outro. É por isso que escolas de culinária e restaurantes frequentemente fazem com que chefs trabalhem como garçons, para que a equipe da cozinha possa interagir com os clientes e ver como é de fato a linha de frente.

Muitos desenvolvedores de software têm uma divisão semelhante. Designers e programadores trabalham na "cozinha" enquanto o suporte lida com os clientes. Infelizmente, isso significa que os chefs do software nunca chegam a ouvir o que os clientes estão de fato dizendo. Isso é problemático porque ouvir os clientes é a melhor maneira de entender os pontos fortes e fracos do seu produto.

A solução? Evite construir paredes entre seus clientes e a equipe de desenvolvimento/design. Não terceirize o suporte ao cliente para um call center ou terceiros. Faça você mesmo. Você, e toda a sua equipe, devem saber o que seus clientes estão dizendo. Quando seus clientes estão irritados, você precisa saber disso. Você precisa ouvir suas reclamações. Você também precisa ficar irritado.

No Basecamp, todos os nossos e-mails de suporte são respondidos pessoalmente pelas pessoas que realmente constroem o produto. Por quê? Primeiramente, isso oferece um suporte melhor para os clientes. Eles recebem uma resposta diretamente do cérebro de alguém que construiu o aplicativo. Além disso, nos mantém em contato com as pessoas que usam nossos produtos e os problemas que eles estão encontrando. Quando eles estão frustrados, nós estamos frustrados. Podemos dizer, "Sinto a sua dor" e realmente significar isso.

Pode ser tentador confiar em análise estatística para revelar seus pontos problemáticos. Mas estatísticas não são o mesmo que vozes. Você precisa eliminar tantos intermediários quanto possível entre você e as vozes reais dos seus clientes.

As linhas de frente são onde a ação está. Vá até lá. Faça seus chefs trabalharem como garçons. Leia e-mails de clientes, ouça suas frustrações, escute suas sugestões e aprenda com elas.

Corte o Intermediário

Quase todo o desenvolvimento, suporte e marketing do Campaign Monitor são realizados por duas pessoas. Mesmo que sejamos forçados a expandir a equipe, nunca separaremos suporte de desenvolvimento. Ao responder pessoalmente a cada solicitação, nos forçamos a nos colocar no lugar dos nossos clientes e ver as coisas da perspectiva deles.

É importante entender por que seu cliente precisa de algo, não apenas o que ele precisa. Esse contexto frequentemente tem um impacto direto em como projetamos algo. Corte o intermediário. É muito mais fácil dar aos seus clientes o que eles querem quando seus ouvidos estão tão próximos do chão.

Eu discuti essa configuração com muitas pessoas e a primeira resposta é frequentemente "vocês não deveriam apenas contratar um júnior para lidar com seu suporte?" Coloque-se no lugar do seu cliente. Se você quer seu bife cozido exatamente como você gosta, você preferiria falar com o ajudante de garçom ou com o chef que está de fato cozinhando?

—David Greiner, fundador, Campaign Monitor

Capítulo 78: Treinamento zero

Use ajuda integrada e FAQs para que seu produto não exija manual ou treinamento

Você não precisa de um manual para usar o Yahoo, Google ou Amazon. Então, por que não pode construir um produto que não exija um manual? Esforce-se para criar uma ferramenta que não necessite de treinamento algum.

Como fazer isso? Bem, como já mencionamos antes, você começa mantendo tudo simples. Quanto menos complexo for seu aplicativo, menos você precisará ajudar as pessoas a sair da confusão. Depois disso, uma ótima maneira de prevenir o suporte é usando ajuda integrada e FAQs nos pontos potenciais de confusão.

Por exemplo, oferecemos suporte preventivo na tela que permite às pessoas fazerem upload do seu logo no Basecamp. Algumas pessoas enfrentavam um problema onde continuavam vendo um logo antigo devido a um problema de cache do navegador. Então, ao lado da área de "enviar seu logo", adicionamos um link para um FAQ que instruía os clientes a forçarem o recarregamento de seus navegadores para verem o novo logo. Antes de fazermos isso, recebíamos 5 e-mails por dia sobre esse problema. Agora não recebemos nenhum.

Capítulo 79: Responda rápido

Tempo rápido de resposta a consultas de suporte deve ser uma prioridade máxima

Os clientes ficam encantados quando você responde às perguntas deles rapidamente. Eles estão tão acostumados a respostas automáticas que aparecem dias depois (se aparecem) que você pode realmente se diferenciar dos concorrentes oferecendo uma resposta ponderada imediatamente. Durante o horário comercial, respondemos 90% de todas as solicitações de suporte por e-mail em 90 minutos — e muitas vezes em meia hora. E as pessoas adoram isso.

Mesmo que você não tenha uma resposta perfeita, diga algo. Você pode comprar boa vontade com uma resposta que é entregue rapidamente de uma maneira aberta e honesta. Se alguém está reclamando sobre um problema que não pode ser corrigido imediatamente, diga algo como, "Ouvimos o que você está dizendo e trabalharemos nisso no futuro." É uma ótima maneira de desarmar uma situação potencialmente negativa.

Os clientes apreciam a franqueza e muitas vezes mudam de irritados para educados se você responder rapidamente e de maneira direta.

Um Exército de Muitos

Como uma pequena equipe de apenas três desenvolvedores pode criar um produto inovador e competir com sucesso com os grandes? A resposta é alistando um exército de muitos.

Lembre-se desde o seu primeiro dia que seus clientes são seu ativo mais importante e que eles são absolutamente vitais para o seu sucesso a longo prazo, então trate sua comunidade de usuários como realeza. A maneira de competir com os grandes é começando pequeno e prestando atenção em cada um dos seus clientes.

São seus clientes que serão os primeiros a alertá-lo sobre bugs, que serão os primeiros a alertá-lo sobre necessidades que não foram atendidas e são seus primeiros clientes que carregarão a bandeira e espalharão sua mensagem.

Isso não significa que seu produto tem que ser perfeito quando você lançar. Bem pelo contrário, lance cedo e frequentemente. No entanto, quando seus clientes encontrarem bugs, certifique-se de enviar uma resposta rapidamente agradecendo-os por sua contribuição.

Os clientes não esperam que seu produto seja perfeito e eles não esperam que todas as funcionalidades deles sejam implementadas. No entanto, os clientes esperam que você esteja ouvindo e reconhecendo que se importa, então mostre que se importa. Esta é uma área onde a maioria das grandes empresas mostra um grande déficit, então desenvolva um senso de comunidade cedo.

Na Blinklist, cada e-mail de cliente é respondido, geralmente dentro da primeira hora (a menos que estejamos dormindo). Também temos um fórum online e garantimos que cada postagem e comentário seja reconhecido.

Igualmente importante, todos os nossos desenvolvedores recebem o feedback de nossos clientes e são participantes ativos nos fóruns de discussão online. Desta forma, estamos construindo lentamente, mas com certeza, uma comunidade BlinkList ativa e leal.

—Michael Reining, co-fundador, MindValley & Blinklist

Capítulo 80: O cliente nem sempre tem razão

Esteja disposto a dizer não aos seus clientes

Quando se trata de pedidos de novas funcionalidades, o cliente nem sempre tem razão. Se adicionássemos tudo o que nossos clientes pedem, ninguém ia querer nossos produtos.

Se obedecêssemos a todos as vontas dos usuários, o Basecamp teria: um sistema abrangente de controle de tempo, faturamento completo, agendamento de reuniões detalhado, calendário completo, sistema complexo de tarefas dependentes, chat de mensagens instantâneas completo, funcionalidade de wiki abrangente e tudo mais que você possa imaginar.

Ainda assim, o pedido nº 1 que recebemos nas pesquisas com clientes é manter o Basecamp simples.

Aqui vai outro exemplo: Apesar de algumas reclamações, decidimos não oferecer suporte ao IE5 em nossos produtos. Isso significava ignorar 7% do mercado. Mas decidimos que era mais importante nos preocuparmos com os outros 93%. Corrigir bugs e testar para o IE5 simplesmente não vale o tempo. Preferimos fazer um produto melhor para todos os outros.

Como empresa de desenvolvimento de software, você tem que agir como um filtro. Nem tudo o que todos sugerem é a resposta certa. Consideramos todos os pedidos, mas o cliente nem sempre tem razão. Haverá momentos em que você simplesmente terá que irritar algumas pessoas. C'est la vie.

Relacionado a isso, é fundamental que você, como empresa, ame seu produto. E você não vai amar seu produto se ele estiver cheio de coisas com as quais você não concorda. Essa é mais uma justificativa para vetar pedidos de clientes que você não acredita serem necessários.

Capítulo 81: Fóruns de comunidade

Use fóruns ou chat para permitir que os clientes se ajudem mutuamente

Fóruns e chats em grupo baseados na web são uma ótima maneira de permitir que os clientes façam perguntas e se ajudem. Ao eliminar o intermediário — ou seja, você — você fornece um fluxo aberto de comunicação e economiza tempo no processo.

Em nossos fóruns de produtos, clientes postam dicas e truques, solicitações de recursos, histórias e mais. Nós aparecemos de vez em quando para oferecer alguma assistência, mas os fóruns são principalmente um lugar para a comunidade se ajudar e compartilhar suas experiências com o produto.

Você ficará surpreso com o quanto as pessoas querem ajudar umas às outras.

Capítulo 82: Torne seus erros públicos

Divulgue más notícias rapidamente e resolva o assunto

Se algo der errado, conte às pessoas. Mesmo que elas nunca tenham percebido por conta própria.

Por exemplo, o Basecamp ficou fora do ar uma vez por algumas horas durante a noite. 99% dos nossos clientes nunca souberam, mas ainda assim postamos um aviso de "interrupção inesperada" no nosso blog *Everything Basecamp*. Achamos que nossos clientes mereciam saber.

Aqui está um exemplo do que postamos quando algo dá errado: "Pedimos desculpas pela interrupção desta manhã — tivemos alguns problemas com o banco de dados que causaram grandes lentidões e interrupções para algumas pessoas. Corrigimos o problema e estamos tomando medidas para garantir que isso não aconteça novamente... Obrigado pela sua paciência e, mais uma vez, pedimos desculpas pela interrupção."

Seja o mais aberto, honesto e transparente possível. Não guarde segredos ou se esconda atrás de manobras de relações públicas. Um cliente informado é o seu melhor cliente. Além disso, você perceberá que a maioria dos seus erros nem são tão graves na mente dos seus clientes. Os clientes geralmente não se incomodam em te dar uma margem de respiro, desde que saibam que você está sendo honesto com eles.

Uma nota à parte sobre a entrega de notícias, más e boas: Quando vierem más notícias, coloque tudo em aberto de uma vez. Boas notícias, por outro lado, devem ser divulgadas lentamente. Se você puder prolongar as boas vibrações, faça isso.

Seja Rápido, Direto e Honesto

Pode parecer estranho, mas o cenário ideal é quando a própria empresa reporta as más notícias. Isso é proativo e previne que sua empresa seja colocada em uma posição enfraquecida e defensiva.

—Greg Sherwin, Vice-Presidente de Tecnologia de Aplicação, CNET, e Emily Avila, Principal, Calypso Communications (de "A Primer for Crisis PR")

Pós-lançamento

Capítulo 83: Calibre em um mês

Lance uma atualização importante 30 dias após o lançamento

Uma atualização rápida mostra dinamismo. Mostra que você está ouvindo. Mostra que você tem mais truques na manga. Isso dá uma segunda onda de buzz. Reafirma os bons sentimentos iniciais. Dá algo para você falar e outros para escreverem a respeito.

Saber que uma atualização rápida está a caminho também permite que você coloque o foco nos componentes mais cruciais antes do lançamento. Em vez de tentar incluir mais algumas coisas, você pode começar aperfeiçoando apenas o conjunto de recursos essenciais. Então você pode "arejar" o produto no mundo real. Uma vez que está lá fora, você pode começar a receber feedback dos clientes e saberá quais áreas precisam de atenção em seguida.

Esta abordagem de pequenos passos funcionou bem para o Backpack. Lançamos o produto base primeiro e então, algumas semanas depois, adicionamos recursos como o Backpack Mobile para dispositivos móveis e tagging, já que essas são as coisas que nossos clientes nos disseram que mais queriam.

Capítulo 84: Mantenha os posts fluindo

Mostre que seu produto está vivo mantendo um blog de desenvolvimento do produto pós-lançamento

Não pare de escrever uma vez que você lançar. Mostre que seu produto é uma criatura viva mantendo um blog dedicado que você atualiza frequentemente (pelo menos uma vez por semana, mais vezes se puder).

Coisas para incluir:
* FAQ
* Como fazer
* Dicas & truques
* Novas funcionalidades, atualizações & correções
* Buzz/imprensa

Um blog não apenas mostra que seu aplicativo está vivo, ele faz sua empresa parecer mais humana. Novamente, não tenha medo de manter o tom amigável e pessoal. Equipes pequenas às vezes sentem que precisam soar grandes e ultra-profissionais o tempo todo. É quase como uma versão empresarial do Complexo de Napoleão. Não se preocupe em soar pequeno. Alegre-se no fato de que você pode falar com os clientes como um amigo.

Está Vivo

Um blog de produto frequentemente atualizado é o melhor indicador de que um webapp está em desenvolvimento ativo, que é amado e que há uma luz acesa em casa. Um blog de produto abandonado é um sinal de um produto abandonado, e diz que as pessoas responsáveis estão dormindo no ponto.

Mantenha a conversa com seus usuários em seu blog de produto, e seja transparente e generoso com as informações que compartilha. Deixe as filosofias da sua empresa brilharem. Link e discuta abertamente sobre concorrentes.

Dê dicas sobre futuras funcionalidades e mantenha os comentários abertos para feedback.

Um produto vivo é aquele que está falando e ouvindo seus usuários. Um blog de produto frequentemente atualizado promove transparência, um senso de comunidade e lealdade à sua marca. Publicidade extra e gratuita é um bônus.

Como editora na Lifehacker, eu continuamente verifico os blogs de produtos de webapps que amo — como Google, Flickr, Yahoo, del.icio.us e blogs de produtos do Basecamp. Sou muito mais propensa a mencioná-los do que webapps que enviam comunicados de imprensa unilaterais do nada e não mantêm uma conversa aberta com seus usuários e fãs.

—Gina Trapani, desenvolvedora web e editora da Lifehacker, o guia de produtividade e software

Capítulo 85: Desculpas em Beta

Não use "beta" como desculpa

Nos dias de hoje, parece que tudo está em fase beta para sempre. Isso é uma saída fácil. Uma fase beta interminável diz aos clientes que você não está realmente comprometido em lançar um produto acabado. Isso diz, "Use isto, mas se não estiver perfeito, não é nossa culpa."

Beta transfere a responsabilidade para seus clientes. Se você não tem confiança suficiente no seu lançamento, então como pode esperar que o público tenha? Betas privados são aceitáveis, betas públicos são bobagem. Se não é bom o suficiente para consumo público, não o entregue ao público para consumir.

Não espere que seu produto atinja a perfeição. Isso não vai acontecer. Assuma a responsabilidade pelo que está lançando. Coloque no mercado e chame de lançamento. Caso contrário, você está apenas dando desculpas.

Beta é Não Faz Sentido

Culpe o Google, etc, por causar problemas como este. Por agora, os usuários foram treinados pelo conjunto de desenvolvedores a pensar que "beta" não significa realmente nada.

—Mary Hodder, arquiteta de informação e designer de interação (de "The Definition of Beta")

O Tempo Todo

Sou só eu, ou estamos todos em beta, o tempo todo?

—Jim Coudal, fundador, Coudal Partners

Capítulo 86: Nem todos os bugs são criados iguais

Priorize seus bugs (e até ignore alguns deles)

Só porque você descobriu um bug no seu produto, não significa que é hora de entrar em pânico. Todo software tem bugs — é um fato da vida.

Você não precisa consertar todo e cada bug imediatamente. A maioria dos bugs são no máximo irritantes, não destrutivos. Irritações podem ser deixadas de lado por um tempo. Bugs que resultam em erros do tipo "isso não parece certo" ou outros pequenos deslizes podem ser tranquilamente adiados. Mas se um bug destruir seu banco de dados, obviamente você precisa consertá-lo imediatamente.

Priorize seus bugs. Quantas pessoas são afetadas? Quão grave é o problema? Esse bug merece atenção imediata ou pode esperar? O que você pode fazer agora que terá o maior impacto para o maior número de pessoas? Muitas vezes, adicionar uma nova feature pode ser até mais importante para seu aplicativo do que consertar um bug existente.

Além disso, não crie uma cultura de medo em torno dos bugs. Bugs acontecem. Não fique constantemente procurando alguém para culpar. A última coisa que você quer é um ambiente onde bugs são escondidos em vez de discutidos abertamente.

E lembre-se sobre a importância da honestidade. Se os clientes reclamarem de um bug, seja franco com eles. Diga que você notou o problema e está lidando com isso. Se não for abordado imediatamente, explique o motivo e diga que está focando em áreas do produto que afetam um número maior de pessoas ou que são mais críticas (e claro, tente resolver o problema).

Honestidade é a melhor política.

Capítulo 87: Deixe a poeira baixar

Espere até que reações impulsivas às mudanças acalmem antes de tomar uma ação

Quando você balança o barco, haverá ondas. Após introduzir uma nova funcionalidade, mudar uma política ou remover algo, reações impulsivas, muitas vezes negativas, vão surgir.

Resista à vontade de entrar em pânico ou mudar as coisas rapidamente em resposta. As paixões se inflamam no começo. Mas se você aguentar este período inicial de 24-48 horas, as coisas geralmente se acalmam. A maioria das pessoas reage antes de realmente se aprofundar e usar o que você adicionou (ou se acostumar com o que você removeu). Então, recoste-se, absorva tudo e não faça uma jogada até que algum tempo tenha passado. Assim, você poderá oferecer uma resposta mais racional.

Além disso, lembre-se de que reações negativas são quase sempre mais altas e mais apaixonadas do que as positivas. De fato, você pode apenas ouvir vozes negativas mesmo quando a maioria da sua base está feliz com uma mudança. Certifique-se de não recuar precipitadamente de uma decisão necessária, mas controversa.

Capítulo 88: Acompanhe a competição

Assine feeds de notícias sobre seus concorrentes

Assine feeds de notícias sobre o seu produto e seus concorrentes (é sempre sábio conhecer os caminhos do inimigo). Use serviços como PubSub, Technorati, Feedster e outros para se manter atualizado (para palavras-chave, use nomes de empresas e nomes de produtos). Com o RSS, essas informações constantemente atualizadas serão entregues diretamente a você, assim você estará sempre informado.

Capítulo 89: Cuidado com o monstro do inchaço

Mais maduro não precisa significar mais complicado

À medida que as coisas progridem, não tenha medo de resistir ao inchaço. A tentação será escalar. Mas não precisa ser assim. Só porque algo fica mais velho e mais maduro, não significa que precisa ficar mais complicado.

Você não precisa se tornar uma caneta espacial que escreve de cabeça para baixo. Às vezes está tudo bem em ser apenas um lápis. Você não precisa ser um canivete suíço. Você pode simplesmente ser uma chave de fenda. Você não precisa construir um relógio de mergulho seguro a 5.000 metros se seus clientes são amantes da terra que apenas querem saber que horas são.

Não infle apenas por inflar. É assim que os aplicativos ficam inchados.

Novo nem sempre significa melhorado. Às vezes, há um ponto em que você deve apenas deixar um produto ser.

Este é um dos principais benefícios de construir software baseado na web em vez de software tradicional para desktop. Fabricantes de software para desktop como Adobe, Intuit e Microsoft precisam vender novas versões todo ano. E como eles não podem simplesmente vender a mesma versão, eles têm que justificar a despesa adicionando novos recursos. É aí que começa o inchaço.

Com software baseado na web no modelo de assinatura, as pessoas pagam uma taxa mensal para usar o serviço. Você não precisa continuar vendendo mais e mais e mais, você só precisa fornecer um serviço valioso contínuo.

Capítulo 90: Deixe rolar

Esteja aberto a novos caminhos e mudanças de direção

Parte da beleza de um aplicativo web é sua fluidez. Você não o embala em uma caixa, envia e depois espera anos pela próxima versão. Você pode ajustar e mudar conforme avança. Esteja aberto ao fato de que sua ideia original pode não ser a melhor.

Olhe para o Flickr. Ele começou como um jogo online multijogador chamado *The Game Neverending*. Seus criadores logo perceberam que o aspecto de compartilhamento de fotos do jogo era um produto mais plausível do que o próprio jogo (que acabou sendo arquivado). Esteja disposto a admitir erros e mudar de curso.

Seja um surfista. Observe o oceano. Descubra onde as grandes ondas estão quebrando e ajuste-se de acordo.

Conclusão

Capítulo 91: Ligue os motores

Concluído!

Tudo certo, você chegou até aqui! Espero que esteja animado para começar a Cair na Real com seu aplicativo. Realmente nunca houve um momento melhor para fazer ótimos softwares com recursos mínimos. Com a ideia certa, paixão, tempo e habilidade, o céu é o limite.

Algumas considerações finais:

Execução

Todo mundo pode ler um livro. Todo mundo pode ter uma ideia. Todo mundo tem um primo que é designer web. Todo mundo pode escrever um blog. Todo mundo pode contratar alguém para juntar alguns códigos.

A diferença entre você e todos os outros será o quão bem você executa. O sucesso é tudo sobre ótima execução.

Para software, isso significa fazer muitas coisas corretamente. Você não pode apenas ter uma boa escrita, mas falhar em cumprir as promessas no seu texto. Design de interface limpo não adianta se seu código está cheio de gambiarras. Um ótimo aplicativo é inútil se uma promoção ruim significa que ninguém nunca sabe sobre ele. Para ter grande sucesso, você tem que combinar todos esses elementos.

A chave é o equilíbrio. Se você inclinar demais em uma direção, está caminhando para o fracasso. Constantemente procure seus pontos fracos e foque neles até que estejam à altura.

Pessoas

Vale a pena reforçar a coisa que achamos que é o ingrediente mais importante quando se trata de construir um aplicativo web de sucesso: as pessoas envolvidas. Mantras, design epicentro, menos software, e todas essas outras ideias maravilhosas não vão realmente importar se você não tiver as pessoas certas a bordo para implementá-las.

Você precisa de pessoas apaixonadas pelo que fazem. Pessoas que se importam com sua arte — e realmente pensam nela como uma arte. Pessoas que têm orgulho de seu trabalho, independentemente da recompensa monetária envolvida. Pessoas que se preocupam com os detalhes, mesmo que 95% das pessoas não saibam a diferença. Pessoas que querem construir algo grande e não se contentam com menos. Pessoas que precisam de pessoas. OK, não realmente essa última, mas não resistimos em jogar um pouco de Streisand na mistura. De qualquer forma, quando você encontrar essas pessoas, segure-as. No fim, as pessoas da sua equipe farão ou quebrarão seu projeto — e sua empresa.

Mais do que Apenas Software

Também vale a pena notar que o conceito de Cair na Real não se aplica apenas a construir um aplicativo web. Uma vez que você começa a compreender as ideias envolvidas, você vai vê-las em todos os lugares. Alguns exemplos:

- Forças de operações especiais, como os Green Berets ou Navy Seals, usam equipes pequenas e implantação rápida para realizar tarefas que outras unidades são muito grandes ou lentas demais para fazer.
- The White Stripes abraçam restrições ao aderir a uma fórmula simples: duas pessoas, músicas enxutas, bateria infantil, mantendo o tempo de estúdio ao mínimo, etc.
- O iPod da Apple se diferencia dos concorrentes por não oferecer recursos como rádio FM embutido ou gravador de voz.

- Ofensivas de pressa no futebol ganham grandes porções de terreno eliminando a "burocracia" de reuniões e chamadas de jogadas.
- Rachael Ray baseia seus livros de receitas de sucesso e programa de TV no conceito de refeições rápidas de 30 minutos "Get Real Meals".
- Ernest Hemingway e Raymond Carver usaram linguagem simples e clara, mas ainda entregaram impacto máximo.
- Shakespeare se deleitava com as limitações dos sonetos, poemas líricos de quatorze linhas em pentâmetro iâmbico.
- E por aí vai...

Claro, Cair na Real é sobre construir ótimos softwares. Mas não há razão para parar por aí. Pegue essas ideias e tente aplicá-las a diferentes aspectos da sua vida. Você pode se deparar com alguns resultados interessantes.

Mantenha o Contato

Deixe-nos saber como Cair na Real funciona para você. Envie um email para gettingreal@basecamp.com

Além disso, mantenha-se atualizado com as últimas ofertas do Basecamp visitando Signal vs. Noise, nosso blog sobre usabilidade, design e um monte de outras coisas.

Obrigado por ler e boa sorte!

www.ingramcontent.com/pod-product-compliance
Lightning Source LLC
Chambersburg PA
CBHW050447290526
45786CB00006B/2193